JN035045

WORDQUEST
ワードクエスト

世界とつながる上級英単

九州大学共創学部ワードクエスト編集委員会

九州大学出版会

まえがき

　英語の学習は RPG（ロールプレイングゲーム）に似ています。技や呪文を覚え，敵を倒していくように，単語や熟語の意味を覚え，英文を攻略していく――。はじめのうちは単純な技と呪文（単語と熟語）で弱い敵（簡単な英文）しか倒せませんが，自身の能力を高めれば，もっと強い相手にも立ち向かえるようになります。しかし，冒険を進めるうちに敵（英文）は強力になり，徐々に苦しくなります。レベルを上げるには，さらなる経験値が必要で，忍耐力が試されます。

　高校までは，大学入試を目安として，必要となる単語のレベルはある程度基準がありますが，大学に入るとそのリミッターは突然解除されます。英文はあらゆるジャンルにわたり，学術レベルの英文を攻略するために覚えなければならない単語の数は一気に膨れ上がります。大学生に要求される英単語のレベルは，決して低くなく，単に高校での学習の延長線上にあるわけでもありません。

　単語の学習には様々な方法があります。出会った英文で必要となった知識を少しずつ覚えていくというのも 1 つのやり方です。しかし，部活にバイトに（恋に）忙しい大学生が読める英文の数は限られてしまいます。また，授業で扱う英文にもどうしても偏りが出てきてしまいます（教員の好みも出てしまいます）。この方法で学習を進めると，特定の種類の敵（英文）なら攻略できるようになるかもしれませんが，残念ながら万能の勇者になれません（もちろん浴びるように英文を読めばその限りではありませんが，時間が制約となります）。

　一方，英単語帳で学習を進めることは，これから先の冒険で必要になるであろう技や呪文を集めた図鑑を読んでおくことに等しいと言えます。それらを習得するには一定の訓練が必要ですが，待ち受ける強敵に対して十分な準備ができます。また，英単語帳でバランス良く学習をしていれば，どんな敵が来ても（どんな分野であっても）戦いに備えることができます。

ワードクエストは，「大学生による大学生のための英単語帳」です。2018 年 4 月に設立された九州大学共創学部の学生を中心として，1 年以上の時間をかけて制作されました。共創学部では留学が必須となっており，語学学習に対して学生は非常に高いモチベーションを持っています。また，授業カリキュラムも英語そのものの学習だけではなく，英語「で」学ぶ授業も多くあります。

　一般的に英単語帳は，「教員」が執筆の中心となりますが，この書籍は「大学生」が中心です。このことには大きな意味があります。彼らがこれまでの学習で必要となった英単語，またこれから必要となる英単語が中心に収録されているため，ワードクエストを通して大学生が「本当に必要な単語」が手に入ります。

　加えて，これから彼らを待ち受ける「敵」（英文）側である魔王軍（大学教員）から奪った秘伝の書（アンケートによって選定した学術書）から，攻略のために必要となりそうな技と呪文（英単語，表現）を厳選して収録しています。

　本書の特徴は次の通りです。

・大学生による大学生のための英単語帳

　大学生である執筆チームが，自分たちが学びたい単語，学ぶべき単語を選定したため，「大学生にとって本当に必要な単語」のみを掲載しています。

・徹底したユーザー調査

　単語帳をどのように使っているか，どのような情報が必要か，どのようなレイアウトが見やすいかなどについてアンケートを実施し，400 件以上の回答を分析しました。さらに，ワークショップ形式で高校生の意見も取り入れ，徹底的に「ユーザー目線」で書籍を制作しました。

・データを利用した客観的な分析

　教員に対して行ったアンケート結果から，「大学生が読むべき英語の本」

を選定し，データ化（約70万語）しました。そのデータを基に，コーパス言語学の手法を用いてキーワードとなる英単語を統計的に抽出しました。また，20冊以上の市販本をデータベース化し，大学生向けの単語帳として客観的な基準に基づいて「本当に掲載すべき語」を厳選しています。

・実用的なカテゴリーで単語を掲載

英単語は，「学術」，「SDGs」，「留学」というカテゴリーで分類し，実際に必要になる場面に応じて学習できるようにしました。

* ＊「学術」セクションは，社会的課題を整理するために役立つ5つのサブセクション（エリア横断，国家と地域，地球・環境，人と社会，人間・生命）にさらに分類し，テーマごとに学習をしやすくなるように工夫しました（掲載語数：約700語（派生語等も含む））。
* ＊「SDGs」セクションでは，国連が定めた「持続可能な開発目標」のそれぞれのゴールごとに単語を厳選して掲載しています。管見の限り，SDGsに依拠した単語帳は本書が初めてです（掲載語数：約400語）。
* ＊「留学」セクションは，実際に学生が現地に行くことを想定し，授業から恋愛まで，幅広い場面をカバーしています（掲載項目数：約300項目）。

これらに加えて，有益なコラムや大学生が書いたかわいいイラスト（レベル表示にも着目してください），大学生から広く集めた「大学生あるある」も掲載しています。ぜひ楽しみながら英単語の冒険を進めてください。

本書の制作にあたって，九州大学出版会の奥野有希氏には企画の段階からデザイン，校正に至るまで大変お世話になりました。また，九州大学共創学部の教職員および学生のみなさん，言語文化研究院の先生方には，様々な場面でご助言・ご助力を頂きました。九州大学附属図書館付設教材

開発センターには，音声の録音でお世話になりました。心より感謝します。

　教員によるチェックも十分に行っていますが，勉強過程の学生が主体となって作成したこともあり，不備な点もあるかもしれません。そのような点があればぜひご指摘頂き，お知らせ頂ければ大変有り難いです。

　本書が少しでもみなさんの英語学習にお役に立てれば，監修者の一人としてこれ以上の喜びはありません。

九州大学共創学部
准教授

内田　諭

執筆者一覧

監修

内田 諭，稲垣紫緒

英文校閲

Christopher G. Haswell, Shaun O'Dwyer, Stephen Laker

コアメンバー

学術セクション：清水孟彦，石橋温美，Lee Ken Ji,
　　　　　　　　　　石川恵伍，重永日向子，筒井優菜

SDGsセクション：木村紗彩，宮本佳奈，久松睦月

留学セクション：中濱佑希，原竹さくら

デザイン・広報セクション：清原透子，中間結女

サポートメンバー

学術セクション：園田レナ，朴 世暎，桐 有作，小池由記,
　　　　　　　　　　髙橋大地，星田修真ハリッド

SDGsセクション：竹下綾音，江頭咲希

留学セクション：Erena Sabrina Yoshida

デザイン・広報セクション：叶 彩花，宇佐見修平，藤瀬涼花

イラスト：叶 彩花

全体校閲：中間結女

資料提供：佐々木彩乃

協力：畔元里沙子

目　次

学術セクション

SDGsセクション

留学セクション

┌─ **コラム** ─────

本書の使い方

　本書には 3 つのセクションがあります。自身の関心に応じてどこから学習をはじめても問題ありません。

(1) 学術セクション
　主に学術分野で使われる単語が掲載されています。5 つのサブセクションに分かれており，すべての分野に共通する重要語を掲載する「エリア横断」に加え，「国家と地域」，「地球・環境」，「人と社会」，「人間・生命」があります。これらは九州大学共創学部のカリキュラムが設定している「エリア」と対応しており，それぞれのテーマに関連した社会的課題を解決するために必要な英単語を選んでいます。

(2) SDGsセクション
　国際連合が定めた「持続可能な開発目標」（SDGs）に関係する単語が掲載されています。No poverty（貧困をなくそう），Zero hunger（貧困をゼロに），Good health and well-being（すべての人に健康と福祉を）など，設定されている 17 のゴールごとに関連の深い英単語を厳選しました。

(3) 留学セクション
　日本人の大学生が海外の大学に留学する状況を想定して，場面ごとに英単語や表現を集めました。「空港」から始まり，「授業」，「観光」，「恋愛」など，日常生活に即したリアルな 21 の場面が設定されています。このセクションでは特に「口に出すこと」を意識して学習をしてください。

単語に付随する情報
　各英単語には，発音記号（ただし，2 語以上の複合語にはつけていません），意味（日本語訳），例文（◇）あるいはフレーズ（◆），およびその

訳がついています。中には，派生語・関連語等や注釈がついているものも
あります。

　学術セクションでは，注釈に「語源」も意識的に取り入れています。単
語を語源から理解することで，意味が記憶に残りやすくなります。また，
各サブセクションの最後に「リスト」と呼ばれる，特定のカテゴリー
（「数学・統計」，「実験器具」など）に属する単語群が掲載されています。

　SDGs セクションでは，17 のゴールそれぞれの説明を冒頭に示してい
ます。また，例文・フレーズの代わりに，単語の背景知識を説明するため
の詳しい注釈が載っているものがあります。

　留学セクションでは学生同士の会話が提示され，その中に登場する重要
な単語や表現は「Words ＆ Phrases」に掲載されています。また，その
他にも，関連して使えそうな表現は「Other expressions」に，知って
おくと留学で役立つ情報は「Did you know ？」に載せています。

単語の難易度について

　学術・SDGs セクションでは，１つの見出し語に対して，３段階の難易
度を表示しています。

★：学術分野およびSDGs関連の文献で頻出する単語で，大学生以上のレ
　　ベルで必ず学習しておきたい単語です。約4億語のコーパス
　　（Corpus of Contemporary American English）では平均して約
　　8000回程度出現します。同程度の出現頻度の単語には，rental,
　　addiction, probability（これらはすでに学習済みであると想定して
　　本書では未収録）などがあります。

★★：大学上級〜大学院修士課程レベルの「差がつく」英単語です。この
　　レベルの単語を知っていると，原書であってもほとんど辞書の助けが
　　なくても読めるようになります。前述の4億語のコーパスでは，平均
　　して約3000回程度出現します。同程度の単語にcategorize,
　　accidental, thicken（これらは未収録）などがあります。

★★★：専門書レベルの最上級英単語です。知っていればかなりの上級者になれます。4億語のコーパスでの平均出現頻度は約2000回程度です。同程度の単語にtopical, joyful, sympathize（これらは未収録）などがあります。

その他

右ページの右上には「レベル表示」があります。レベル 1 から始まり，学習が進むごとにレベルが上がります。また，右ページの下部には「大学生あるある」を息抜きとして載せています。さらに，各セクションの区切りなどに「コラム」をはさみ，英語の学習に役立つ情報を載せています。

ウェブサイト・音声

次の URL で本書の関連情報を提示しています。また，本書の音声も以下のサイトからダウンロードできます。

https://wordquest.gob.jp/

記号の説明

★，★★，★★★：難易度（★が多いほど難）

形：形容詞　動：動詞　名：名詞　副：副詞

派：派生語　類：類義語　関：関連語　対：対義語

◆：フレーズ　◇：例文　☑：チェックボックス

やる気を補充しています...

Now Loading...

Episode. 1

始まりの町

エリア横断

「エリア横断」セクションには，「理系・文系」に関係なく，すべての学問を学ぶ際に必要になる，重要な単語が載っています。動詞や形容詞の中には，抽象的な意味を持つ単語も多いので，例文やフレーズを頼りに覚えてください。さあレベルアップを目指して，英単語の冒険を始めましょう！ ▼

0001 ☑★
abstract
[ǽbstrækt]

形 ①抽象的な ②理論的な

◆ understand an **abstract** expression
（抽象的な表現を理解する）

対concrete
[kάːnkriːt]

形 ①具体的な，形のある ②コンクリート製の

0002 ☑★
explicit
[ɪksplísɪt]

形 明白な；明示的な

◆ give an **explicit** instruction
（明確な指示を出す）

対implicit
[ɪmplísɪt]

形 暗黙の，暗に示された

0003 ☑★
tangible
[tǽndʒəbl]

形 ①形のある，触れられる ②明白な

◆ find **tangible** evidence
（具体的な証拠を見つける）

0004 ☑★
precise
[prɪsáɪs]

形 ①明確な，正確な ②特定の

◆ give a **precise** definition
（正確に定義する）

0005 ☑★★
elucidate
[ɪlúːsɪdeɪt]

動 ～を明確にする，明瞭にする

◆ **elucidate** the process of a chemical reaction
（化学反応の仕組みを明らかにする）

＊e(x)(外から)＋lu(x)((光)をあてる)＋cidate。lux（ルクス
（明るさの単位））と同語源。

2

0006 ✓ ★
transparent
[trænspǽrənt]

形 ①透明な ②見え透いた

◆ require instructions to be more **transparent**
（指示をより明確にするように求める）

0007 ✓ ★
plausible
[plɔ́:zəbl]

形 もっともらしい，確からしい

◆ offer **plausible** explanations
（もっともらしい説明をする）

対implausible
[ɪmplɔ́:zəbl]

形 信じがたい，ありそうにない

0008 ✓ ★
dubious
[dú:biəs]

形 ①半信半疑の ②怪しげな ③曖昧な

◆ provide a **dubious** answer
（はっきりしない返事をする）

0009 ✓ ★★★
untenable
[ʌnténəbl]

形 擁護できない，守れない

◆ an **untenable** position
（擁護できない立場）

＊un（不可）＋ten（手に持つ）＋able（できる）。obtain（〜を
手に入れる）と同語源。

0010 ✓ ★★★
gratuitous
[grətú:ɪtəs]

形 いわれのない，八つ当たりの

◆ suffer a **gratuitous** insult
（いわれのない侮辱を受ける）

1 年経つのが早い（野生児）　　3

0011 ☑ ★★
empirical
[ɪmpírɪkl]

形 経験による，実験に基づいた

◆ **empirical** knowledge
（経験的知識）

対 theoretical
[θìːərétɪkl]

形 理論上の

0012 ☑ ★★
rudimentary
[rùːdɪméntri]

形 ①基本的な ②未発達の，原始的な

◆ receive **rudimentary** training
（基礎的な訓練を受ける）

＊rudi（粗い）＋mentary。rude（無作法な）と同語源。

0013 ☑ ★
ambivalent
[æmbívələnt]

形 相反する感情をもつ；曖昧な

◆ have an **ambivalent** relationship
（曖昧な関係性がある）

0014 ☑ ★
arbitrary
[ɑ́ːrbɪtreri]

形 任意の，恣意的な；独断的な

◆ take an **arbitrary** position
（任意の位置をとる）

0015 ☑ ★★
exemplary
[ɪgzémpləri]

形 ①模範的な ②みせしめの

◆ admire a leader's **exemplary** behavior
（リーダーの模範的な行動を称賛する）

0016 ☑★
candid
[kǽndɪd]

形 ①率直な ②公正な，偏見のない

◇ We need to have **candid** discussions.
（率直な議論が必要だ。）

0017 ☑★
outright
[áʊtraɪt]

副 ①率直に ②完全に，徹底的に ③即座に

◇ The proposal was rejected **outright**.
（提案は完全に否定された。）

0018 ☑★
authentic
[ɔːθéntɪk]

形 ①本当の ②信頼のおける

◆ provide an **authentic** assessment
（信頼のおける評価を与える）

0019 ☑★★
optimal
[ά:ptɪməl]

形 最適の；最高の

◆ add an **optimal** amount of water
（最適な量の水を加える）

0020 ☑★
transcend
[trænsénd]

動 ①～を越える ②～に勝る

◆ **transcend** one's limitations
（限界を超える）

＊trans（～を越えて）＋scend（登る）。ascend（登る），
descend（下る）と同語源。

親の偉大さを知る（こがみょん）　　5

0021 ✎ ★
conduct
[ká:ndʌkt, kəndʌ́kt]

名 行為，品行
動 ①（熱や電気）を伝える ②〜を案内する

◆ decide a code of **conduct**
（行動規範を決める）

派 conductivity
[kà:ndʌktívəti]

名 伝導性，伝導率

0022 ✎ ★
affinity
[əfínəti]

名 ①類似点 ②好み；親近感 ③姻戚関係

◇ Insects have several **affinities** with crustaceans.
（昆虫と甲殻類にはいくつかの類似点がある。）

0023 ✎ ★
approximation
[əprà:ksiméiʃn]

名 ①接近，近似 ②概算

◆ make an **approximation**
（概算する）

0024 ✎ ★
proximity
[prɑ:ksíməti]

名 （場所・時間・関係が）近いこと，近接

◆ examine the influence of cultural **proximity**
（文化的類似性の影響を検証する）

0025 ✎ ★
consecutive
[kənsékjətiv]

形 ①連続する ②一貫した

◆ work for five **consecutive** years
（5年間続けて働く）

0026 ★★
anomaly
[ənάːməli]

名 変則，異常

◆ detect an **anomaly**
（異常を検出する）

0027 ★★★
idiosyncratic
[idiəsɪŋkrǽtɪk]

形 ①特異な，異常な ②特有な

◆ **idiosyncratic** volatility in recent economics
（近年の経済の特異な変動）

0028 ★★★
aberration
[æbəréɪʃn]

名 ①異常行動 ②理解できない事実

◇ People's actions sometimes have an **aberration** due
to temporary impulses.
（人々は時に衝動から常軌を逸した行動を起こす。）

0029 ★
associate
[əsóʊsieɪt]

動 ①～を関連付ける ②～を連想する

◇ Eating problems are often **associated** with mental
health.
（摂食障害はしばしば精神衛生と関連がある。）

0030 ★
correlation
[kɔ̀ːrəléɪʃn]

名 相関性

◆ show a clear **correlation** between the time of exercise
and health
（運動時間と健康の明白な相関を示す）

0031 ☑ ★
inevitably
[ɪnévɪtəbli]

副 **必然的に**

◇ The new law will **inevitably** lead to confusion.
(新しい法律は必然的に混乱を招くだろう。)

0032 ☑ ★★★
contingent
[kəntíndʒənt]

形 **偶然の**

◇ There are many **contingent** factors to this decision.
(この決定にはいくつもの偶発的要因がある。)

＊contingent on 〜で「〜次第の」という意味。

0033 ☑ ★
outset
[áʊtset]

名 **開始点, 始まり**

◆ reconsider the problem from the **outset**
(始めから問題を考え直す)

0034 ☑ ★★
incessant
[ɪnsésnt]

形 **絶え間ない**

◆ an **incessant** emission of CO_2
(CO_2の絶え間ない排出)

＊in (否定) ＋cess (止まる) ＋ant。cease (終わる) と同語源。

0035 ☑ ★
simultaneously
[sàɪmltéɪniəsli]

副 **同時に**

◇ Two phenomena **simultaneously** occurred.
(2つの現象が同時に起きた。)

8

0036 ☑ ★★
transient
[trǽnʃnt]

形 ①一時的な ②短期の

◇ All living things have **transient** existences.
（命あるものはすべて，はかないものだ。）

派 **transition**
[trænzíʃn]

名 ①推移，変化 ②過渡期

0037 ☑ ★
ongoing
[á:ngəʊɪn]

形 進行中の

◆ treat the **ongoing** problem
（現在進行中の問題に取り組む）

0038 ☑ ★
pervasive
[pərvéɪsɪv]

形 遍在する

◇ Abnormal weather is currently **pervasive** in the world.
（異常気象は今日世界中で起こっている。）

類 **prevalent**
[prévələnt]

形 広く存在する

0039 ☑ ★
assemble
[əsémbl]

動 ①〜を集める，招集する ②〜を組み立てる

◆ **assemble** a team
（チームを組む）

派 **assembly**
[əsémbli]

名 ①集会 ②組み立て

0040 ☑ ★
integrate
[íntɪgreɪt]

動 ①〜を統合する ②〜を順応させる

◆ **integrate** several academic disciplines into one
（複数の学問分野を1つに統合する）

0041 ☑ ★
synthesis
[sínθəsɪs]

名 ①合成 ②混合 ③化合物

◆ investigate a chemical **synthesis**
（化学合成を調べる）

0042 ☑ ★
aggregate
[ǽɡrɪɡeɪt, ǽɡrɪɡət]

動 ～を集合させる；統合する
名 集合体

◆ **aggregate** financial information
（財務情報を集める）

0043 ☑ ★
symmetry
[símətri]

名 ①左右対称 ②調和，均整

◆ maintain **symmetry** of the structure
（構造の対称性を保つ）

対asymmetry
[èɪsímətri]

名 ①非対称 ②不釣り合い

0044 ☑ ★
parallel
[pǽrəlel]

形 ①平行な ②近似した

◆ draw two **parallel** lines
（2本の平行な線を引く）

対vertical
[vɜ́ːrtɪkl]

形 ①垂直な ②階層の

0045 ☑ ★★
oblique
[əblíːk]

形 ①傾いている，射角の ②曖昧な

◆ draw an **oblique** line
（斜線を引く）

10

エリア
横断

0046 ★★
juxtaposition
[dʒʌ̀kstəpəzíʃn]

名 並列，並置

◆ **juxtaposition** of utterly different colors
（全く異なる色の並置）

派 juxtapose
[dʒʌ̀kstəpóʊz]

動 ～を並べる，並列する

0047 ★
token
[tóʊkən]

名 ①しるし ②証拠 ③記念の品

◆ present a **token** of gratitude
（感謝のしるしを贈る）

0048 ★
radius
[réɪdiəs]

名 半径

◆ measure the **radius** of a circle
（円の半径を測定する）

関 diameter
[daɪǽmɪtər]

名 直径

関 circumference
[sərkʌ́mfərəns]

名 円周

0049 ★★
circumvent
[sə̀ːkəmvént]

動 ①～を出し抜く ②～を迂回する

◆ **circumvent** the law
（法律の裏をかく）

＊circum（周囲の）＋vent（来る）。circumstance（環境）と
同語源。

勉強で疲れてくると，笑いの沸点が下がる（たまらん）

0050 ☑ ★★
regression
[rɪgréʃn]

名 ①〔統計〕回帰 ②後戻り ③〔生物学〕退化

◆ perform a **regression** analysis
（回帰分析を実行する）

＊re（後ろに）＋gress（歩く）＋ion。progressはpro（前に）＋gress（歩く）。

対progression
[prəgréʃn]

名 進歩，発展

0051 ☑ ★★★
expedite
[ékspədaɪt]

動 ～を捗らせる，迅速にする

◆ **expedite** the process of delivery
（発送手続きを迅速化する）

0052 ☑ ★
leverage
[lévərɪdʒ]

名 ①影響力 ②てこ
動 ～を最大限活用する

◆ exert political **leverage**
（政治的影響力を行使する）

0053 ☑ ★★
divergence
[daɪvə́ːrdʒəns]

名 ①分岐 ②(考え方，見方の) 多様性

◆ the evolutionary **divergence** between humans and chimpanzees
（人間とチンパンジーの進化の分岐）

派diverge
[daɪvə́ːrdʒ]

動 分岐する

12

エリア
横断

0054 ☑ ★
discrete
[dɪskríːt]

形 分離した，離散した

◆ consist of **discrete** components
（離れた要素から構成される）

＊discreet（慎重な）と区別する。

0055 ☑ ★
irreversible
[irɪvə́ːrsəbl]

形 不可逆的な

◆ hold an **irreversible** reaction
（不可逆反応を示す）

0056 ☑ ★★
immutable
[ɪmjúːtəbl]

形 不変の

◆ give **immutable** facts
（不変の事実を挙げる）

0057 ☑ ★
inversely
[ìnvə́ːrsli]

副 逆に

◇ Volume is **inversely** proportional to pressure in an ideal gas of a constant temperature.
（温度が一定の理想気体下では，体積は圧力に反比例する。）

派 inverse
[ìnvə́ːrs]

形 反対の，逆の

0058 ☑ ★
yield
[jiːld]

動 ①〜を生み出す ②屈服する

◆ **yield** positive results
（良い結果をもたらす）

0059 ☑ ★
polish
[páːlɪʃ]

動 ～を磨く
名 やすり，研磨剤

◆ **polish** the surface of the lens for the experiment
（実験で使うレンズの表面を磨く）

0060 ☑ ★★
meticulous
[mətíkjələs]

形 ①几帳面な ②注意深い，細心の

◆ pay **meticulous** attention to the details
（細部にまで細心の注意を払う）

0061 ☑ ★
perspective
[pərspéktɪv]

名 ①見方，考え方 ②遠近法

◆ look from a physical **perspective**
（物理学的観点から見る）

＊per（～を通して）＋spect（見る）＋ive。spectator（観客）
と同語源。

0062 ☑ ★
apprehension
[æprɪhénʃn]

名 ①気遣い ②心配 ③理解

◇ Everyone has expectations and **apprehensions**.
（皆が期待と不安を抱いている。）

派 apprehend
[æprɪhénd]

動 ①～を感知する，気遣う ②～を理解する

＊ap（～へ）＋prehend（つかむ）。comprehend（～を理解す
る）と同語源。

14

0063 ☑★
comprehensible 形 理解できる
[kὰ:mprɪhénsəbl]

◇ "The most incomprehensible thing about the world is that it is **comprehensible**." – Albert Einstein
(世界に関する最も不可解なことは，それが理解可能であるということである。)

派 comprehensive 形 包括的な
[kὰ:mprɪhénsɪv]

0064 ☑★
contemplate 動 ①〜を熟考する ②〜を判断する
[kά:ntəmpleɪt]

◆ **contemplate** the possibility of calculation mistakes
(計算ミスの可能性をよく考える)

0065 ☑★★★
envisage 動 (将来起こること) を想像する
[ɪnvízɪdʒ]

◇ It is difficult to **envisage** how this factor will affect the result.
(この因子が結果にどう影響するのかを考えるのは難しい。)

類 envision 動 〜を心に描く
[ɪnvíʒn]

0066 ☑★★
underscore 動 〜を強調する
[ʌ̀ndərskɔ́:r]

◆ **underscore** the main points
(重要な点を強調する)

類 underline 動 〜を強調する；〜に下線を引く
[ʌ̀ndərláɪn]

ホワイトボードは落書きするもの（お絵かき）　15

0067 ◺★
convincing
[kənvínsɪŋ]

形 説得力のある

◆ give clear and **convincing** evidence
（明確で説得力のある証拠を示す）

類persuasive
[pərswéɪsɪv]

形 説得力のある

0068 ◺★★★
succinct
[səksíŋkt]

形 簡潔な

◆ aim for a **succinct** presentation
（簡潔なプレゼンを目指す）

0069 ◺★★
pertinent
[pə́ːrtnənt]

形 ①適切な ②関連する

◆ collect **pertinent** data
（適切なデータを収集する）

類appropriate
[əpróʊpriət]

形 適当な，適切な

0070 ◺★
indispensable
[ìndɪspénsəbl]

形 不可欠な，必要な

◆ become an **indispensable** part of the economy
（経済の必要不可欠な一部になる）

0071 ◺★★
requisite
[rékwɪzɪt]

形 必要な，必須の

◆ the **requisite** skills for the job
（仕事において要求される技術）

派require
[rɪkwáɪər]

動 ～を要求する，必要とする

16

エリア
横断

0072 ☑ ★★
discrepancy
[dɪskrépənsi]

名 違い，ずれ

◆ the **discrepancy** between the findings of the two papers
(2つの論文の結果の食い違い)

0073 ☑ ★★★
incongruous
[ɪnkɑ́ːŋgruəs]

形 (状況に) 沿っていない，(辻褄が) 合って
いない

◇ The idea is **incongruous** for the current situation.
(その考えは現在の状況にふさわしくない。)

0074 ☑ ★★
dissonance
[dísənəns]

名 ①不協和音 ②異存

◆ experience cognitive **dissonance**
(認知的不協和を経験する)

＊認知的不協和とは，人が自身の中で矛盾する認知を同時に抱え
た状態を言う。

関 harmony
[háːrməni]

名 調和

0075 ☑ ★★
flaw
[flɔː]

名 欠陥，不備

◆ discover a fatal **flaw**
(致命的な欠陥を見つける)

派 flawless
[flɔ́ːləs]

形 欠陥のない，完全な

0076 ☑ ★
offset
[ɔ́:fset]

動 ～を相殺する

◆ **offset** the side effects of a medicine
（薬の副作用を相殺する）

0077 ☑ ★★★
commensurate
[kəménʃərət]

形 ～と同等な；～に対応している

◇ Salary is **commensurate** with age in our company.
（私たちの会社では給料は年齢に対応している。）

0078 ☑ ★★
supersede
[sùːpərsíːd]

動 ～に取って代わる；～の後任になる

◇ AI will someday **supersede** people's jobs.
（いつかAIが人間の仕事に取って代わるだろう。）

類 replace
　[rɪpléɪs]

動 ～に取って代わる；～の後任になる

0079 ☑ ★★★
replenish
[rɪplénɪʃ]

動 ①～を補足する，補充する ②～を鼓舞する

◆ **replenish** the stock of goods
（商品の在庫を補給する）

0080 ☑ ★★
retract
[rɪtrǽkt]

動 ①～を撤回する ②～を引っ込める

◆ **retract** an earlier statement
（前言を撤回する）

派 retractable
　[rɪtrǽktəbl]

形 取り換え可能な

18

0081 ★★
myriad
[míriəd]

形 無数の

◇ **Myriad** problems are experienced in an aging society.
（高齢化社会には無数の問題がある。）

0082 ★★★
prodigious
[prədídʒəs]

形 ①膨大な ②驚異的な

◆ **prodigious** amounts of resources
（膨大な量の資源）

0083 ★★
enumerate
[ɪnú:məreɪt]

動 ～を数える，列挙する

◆ **enumerate** the words on the list
（リストの中の単語の数を数える）

0084 ★
outnumber
[àʊtnʌ́mbər]

動 ～に数で勝る

◇ The result value **outnumbers** the estimate by more
than two times.
（結果値は推定値を2倍以上上回った。）

0085 ★
suffice
[səfáɪs]

動 ①十分である ②～を満たす

◇ This data **suffices** to corroborate the claim.
（このデータは，主張を裏付けるのに十分である。）

地元に帰って普通に話しているつもりが，「訛ってるねえ」（博多女子）　19

0086 ☑ ★★
fallacy
[fǽləsi]

名 ①間違った考え ②誤信

◆ avoid a logical **fallacy**
（論理的な誤りを避ける）

＊false（間違った）と同語源。

0087 ☑ ★★
lapse
[læps]

名 ①（小さな）過ち ②時間の経過

◆ have a **lapse** in judgment
（判断を誤る）

0088 ☑ ★
contradict
[kɑ̀:ntrədíkt]

動 ①〜と矛盾する ②〜を否定する

◇ The new findings **contradicted** the old theories.
（新しい発見は古い理論を否定した。）

＊contra（逆の）＋dict（言う）。predict（〜を予言する）と同
語源。

0089 ☑ ★★
fraught
[frɔːt]

形 ①伴って ②困った ③（問題を）はらんで
いる

◆ be **fraught** with many perils
（多くの危険をはらんでいる）

0090 ☑ ★
correction
[kərékʃn]

名 ①修正 ②懲戒

◆ make **corrections** to a research paper
（研究論文を訂正する）

0091 ☑ ★★
impeccable
[ɪmpékəbl]

形 非の打ち所がない，完璧な

◆ display **impeccable** manners
(完璧な振る舞いを示す)

0092 ☑ ★★
ascribe
[əskráɪb]

動 ～を（…の）せいにする；（…の原因が）
～にあるとみなす

◇ This success can be **ascribed** to the governmental policy.
(この成功は政府の政策のおかげだろう。)

0093 ☑ ★★
incur
[ɪnkɜ́:r]

動 ①(責任) を負う，負担する ②(危機) を
招く

◆ **incur** a cost
(費用を負担する)

0094 ☑ ★★
feasible
[fí:zəbl]

形 実現可能な

◇ This experiment is not economically **feasible**.
(この実験は経済的に実現不可能だ。)

0095 ☑ ★★
viable
[váɪəbl]

形 実現可能な

◆ make a **viable** proposal
(実現可能な提案をする)

料理は作れるの，作らないだけ（能ある鷹は）　　21

0096 ☑ ★★
emulate
[émjuleɪt]

動 ①〜と競う；〜に匹敵する ②〜を見習う

◆ **emulate** the success of other countries
（他国の成功を見習う）

0097 ☑ ★★
apprentice
[əpréntɪs]

名 見習い；初心者

◆ become the master after being an **apprentice**
（見習いの後に匠となる）

0098 ☑ ★
novelty
[náːvlti]

名 目新しさ，珍しさ

◇ You should include **novelty** in your research.
（研究には目新しさがなくてはならない。）

0099 ☑ ★★★
dichotomy
[daɪkáːtəmi]

名 ①二分割 ②〔論理学〕二分法

◆ follow the traditional **dichotomy**
（伝統的な二分法に従う）

0100 ☑ ★★
jargon
[dʒáːrgən]

名 専門用語

◆ explain a **jargon** clearly and simply
（専門用語を簡潔に易しく説明する）

22

0101 ☑★
criterion
[kraɪtíriən]

名 基準

◇ The **criterion** of assessment should not depend on the examiner.
(評価基準は試験官次第になってはならない。)

＊複数形はcriteria。

0102 ☑★★★
touchstone
[tʌtʃstəʊn]

名 基準；試金石

◆ the **touchstone** of an evaluation
(評価の基準)

0103 ☑★★
hallmark
[hɔ́ːlmɑːrk]

名 ①典型的な特徴 ②基準 ③優良であることの証明

◇ Simplicity is a **hallmark** of the company's design.
(簡潔さはその会社のデザインの特徴だ。)

類 **benchmark**
[béntʃmɑːrk]

名 基準

0104 ☑★★
elicit
[ɪlísɪt]

動 ～を引き出す；誘いだす

◇ He **elicited** ideas from business leaders.
(彼はビジネスリーダーたちからアイデアを引き出した。)

派 **elicitation**
[ɪlìsɪtéɪʃn]

名 引き出すこと，誘出

音楽の趣味がどんどん変わる（雑食）　23

0105 ☑ ★
derivative
[dɪrívətɪv]

形 ①派生的な ②独創性のない
名 派生物；派生語

◇ **Derivative** work should provide a reference to the original.
（二次創作物は元の作品への参照を示すべきである。）

＊de（下へ）＋riv（川）＋ative。derive（〜を引き出す），river（川）と同語源。

0106 ☑ ★
deduce
[dɪdúːs]

動 ①〜を演繹する，推論する ②（起源や経路）をたどる

◆ **deduce** the cause of a problem
（問題の原因を推測する）

対 induce
[ɪndúːs]

動 ①（説得などで）〜する気にさせる ②〜を帰納する

0107 ☑ ★
anticipate
[æntísɪpeɪt]

動 〜を予測する；期待する

◆ **anticipate** the change in the weather
（天気の変化を予測する）

0108 ☑ ★★
conjecture
[kəndʒéktʃər]

名 （根拠のない）憶測，推測

◇ The conclusion is not based on mere **conjecture**.
（その結論は単なる憶測によるものではない。）

エリア
横断

0109 ☑ ★★★
surmise
[sərmáɪz]

動 〜を推量する，推定する

◇ Historians have **surmised** that the kingdom was established in 519 A.D.
（歴史家たちはその王国は519年に建てられたと推定してきた。）

0110 ☑ ★
presume
[prɪzúːm]

動 〜と推定する；仮定する

◆ **presume** the cause of an accident
（事故の原因を推定する）

0111 ☑ ★
resume
[rɪzúːm, rézəmeɪ]

動 〜を再開する
名 履歴書

◆ **resume** a project
（プロジェクトを再開する）

0112 ☑ ★
assume
[əsúːm]

動 ①〜と仮定する；推定する ②〜を負う；受ける

◇ Some researchers **assume** that some kinds of birds are able to sleep in flight.
（ある種の鳥は飛行中に寝ることができると推定する研究者もいる。）

0113 ☑ ★★
corroborate
[kərá:bəreɪt]

動 ①～を（証拠を挙げて）裏付ける ②(証拠) を提供する

◆ **corroborate** evidence of a crime
(犯罪の証拠を裏付ける)

0114 ☑ ★★★
substantiate
[səbstǽnʃieɪt]

動 ～を実証する

◆ **substantiate** the cause of the phenomenon
(現象の原因を実証する)

0115 ☑ ★
validate
[vǽlɪdeɪt]

動 ①～を（法的に）有効にする ②～を証明する

◆ **validate** the hypothesis using quantitative evidence
(定量的な証拠を用いて，仮説を証明する)

0116 ☑ ★
valid
[vǽlɪd]

形 ①確かな，妥当な ②(法的に) 有効な

◆ make **valid** criticism
(妥当な批判をする)

0117 ☑ ★
confirm
[kənfɜ́:rm]

動 ～を確かめる，確認する

◆ **confirm** the validity of the method
(手法の妥当性を確認する)

エリア
横断

0118 ★
clarify
[klǽrəfaɪ]

動 ①〜を明確にする ②〜を浄化する

◆ **clarify** the definition of a word
（語句の定義を明確にする）

0119 ★
verify
[vérɪfaɪ]

動 〜を検証する；確認する

◆ **verify** the identities of the victims of the disaster
（災害の被害者の身元を確認する）

対 **falsify**
[fɔ́ːlsɪfaɪ]

動 ①〜を改ざんする ②〜を覆す

0120 ★★★
rectify
[réktɪfaɪ]

動 （誤りなど）を修正する；改善する

◆ **rectify** the mistake in the passage
（文中の間違いを修正する）

0121 ★★
fabricate
[fǽbrɪkeɪt]

動 ①〜を捏造する ②〜を製造する

◆ **fabricate** the experimental data
（実験データを捏造する）

0122 ★★
plagiarism
[pléɪdʒərɪzəm]

名 剽窃

◇ **Plagiarism** should be punished severely.
（剽窃は厳しく罰せられるべきである。）

0123 ✓ ★
assert
[əsə́:rt]

動 ①〜と断言する ②(権利など) を強く主張する

◆ **assert** one's freedom of expression
(表現の自由を主張する)

0124 ✓ ★★★
dissent
[dısént]

名 異論，反論
動 異論を唱える

◆ **dissent** from the policy
(政策に異論を唱える)

0125 ✓ ★★★
commotion
[kəméʊʃn]

名 ①(突発的な) 騒動 ②動揺

◇ The news caused a **commotion**.
(そのニュースは騒動を引き起こした。)

0126 ✓ ★★
anguish
[ǽŋgwɪʃ]

名 (精神的・肉体的な) 激しい苦痛

◆ relieve the **anguish**
(苦痛をやわらげる)

類 pang
[pæn]

名 ①苦痛 ②心の痛み

0127 ✓ ★★★
obliterate
[əblítəreɪt]

動 〜を抹消する，壊滅させる

◇ The typhoon **obliterated** the village.
(台風が村を壊滅させた。)

0128 ✓ ★
degrade
[dɪgréɪd]

動 ①～の価値を落とす ②～を分解する
③～を退化させる

◇ Lack of sleep **degrades** the quality of life.
（睡眠不足は生活の質を低下させる。）

0129 ✓ ★★★
lackluster
[lǽklʌstər]

形 輝きのない，活気のない

◆ get **lackluster** results
（冴えない結果となる）

類 dull
[dʌl]

形 ①鈍い ②輝いていない ③面白くない

0130 ✓ ★★★
exasperate
[ɪgzǽspəreɪt]

動 ～を怒らせる，憤慨させる

◇ The minister's irresponsible statement **exasperated** the citizens.
（大臣の無責任な発言は国民を怒らせた。）

0131 ✓ ★
doom
[du:m]

名 ①(不幸な) 運命 ②死 ③破滅

◆ forecast economic **doom**
（経済の破綻を予測する）

0132 ✓ ★★★
ominous
[á:mɪnəs]

形 不吉な，縁起の悪い

◆ recognize an **ominous** sign
（不吉な前兆を認識する）

もしかして，「あるある」だけ読み進めてる？（まさか。ね）　29

0133 ☑ ★★★
imminent
[ímɪnənt]

形 ①（良くないことが）すぐに起こり得る
　②差し迫っている

◇ A flood seems **imminent**.
（洪水がすぐに起きそうだ。）

0134 ☑ ★★★
trenchant
[tréntʃənt]

形 猛烈な，先鋭な

◆ receive **trenchant** criticism
（猛烈な批判を受ける）

0135 ☑ ★★★
audacious
[ɔːdéɪʃəs]

形 ①大胆な，不敵な ②無礼な

◇ The government set an **audacious** goal for cutting CO_2.
（政府はCO_2削減の大胆な目標を設定した。）

0136 ☑ ★★★
tenacious
[tənéɪʃəs]

形 ①粘り強い ②（想像より）長期的な

◆ take part in **tenacious** negotiations
（粘り強い交渉に加わる）

0137 ☑ ★★
abyss
[əbís]

名 どん底，深淵

◆ fall into an **abyss** of deflation
（デフレの危機的状況に陥る）

30

エリア
横断

0138 ★★★
relinquish
[rılíŋkwıʃ]

動 ～を失う，手放す

◆ **relinquish** control of a project
（プロジェクトの統制を失う）

0139 ★★
impede
[ımpíːd]

動 ～を遅らせる，遅滞させる

◇ Bad weather may **impede** the progress of voyage.
（悪天候が航海の進行を遅延させるかもしれない。）

＊im（否定）＋pede（足，歩く）。pedestrian（歩行者）と同
語源。

0140 ★
restrain
[rıstréin]

動 ①～を抑制する ②～を自制する

◆ **restrain** the movement of a vehicle
（乗り物の動きを制御する）

0141 ★★★
insulate
[ínsəleit]

動 ①～を遮断する ②～を守る

◇ The material **insulates** the room from heat-loss.
（その物質は部屋から熱が逃げることを防ぐ。）

派 **insular**
[ínsələr]

形 ①隔絶した ②島の，離島の

0142 ★
omit
[əmít]

動 ～を省く，除く

◆ **omit** unnecessary items from a paper
（論文から不要な項目を除く）

派 **omission**
[əmíʃn]

名 ①除外，省略 ②除外されたもの

一度遅刻すると毎回遅刻しだす（ぬ）　31

0143 ☑ ★
redundant
[rɪdʌ́ndənt]

形 ①余剰の ②余計な，冗長の

◇ We should not write **redundant** expressions in an
academic paper.
（学術論文では冗長な表現をするべきではない。）

0144 ☑ ★★★
stringent
[stríndʒənt]

形 厳格な；厳重な

◆ apply a **stringent** ethical rule
（厳格な倫理的規則を適用する）

32

リスト No.1 ▷ 数学・統計

☑ geometry [dʒiɑ́ːmətri]	幾何学
☑ algebra [ǽldʒɪbrə]	代数
☑ vector [véktər]	ベクトル
☑ calculus [kǽlkjələs]	微積分
☑ proposition [prɑ̀ːpəzíʃn]	命題
☑ axiom [ǽksiəm]	公理
☑ theorem [θíːərəm]	定理
☑ assumption [əsʌ́mpʃn]	仮定
☑ decimal [désɪml]	小数
☑ complex number	複素数
☑ imaginary number	虚数
☑ integer [íntɪdʒər]	整数
☑ fraction [frǽkʃn]	分数
☑ numerator [núːməreɪtər]	分子
☑ denominator [dɪnɑ́ːmɪneɪtər]	分母
☑ constant [kɑ́ːnstənt]	定数
☑ degree [dɪgríː]	次数
☑ coefficient [kòʊɪfíʃnt]	係数
☑ exponent [ɪkspóʊnənt]	指数
☑ logarithm [lɔ́ːgərɪðəm]	対数
☑ substitute [sʌ́bstɪtuːt]	代入する
☑ linear function	線形関数
☑ variance [vériəns]	分散
☑ standard deviation	標準偏差
☑ correlation coefficient	相関係数

リスト No.2 ▷ 実験器具

☑ test tube	試験管
☑ beaker [bíːkər]	ビーカー
☑ flask [flǽsk]	フラスコ
☑ round-bottom flask	丸底フラスコ
☑ measuring cylinder	メスシリンダー
☑ tweezers [twíːzərz]	ピンセット
☑ volumetric pipette	ホールピペット
☑ measuring pipette	メスピペット
☑ mortar [mɔ́ːrtər]	乳鉢
☑ pestle [pésl]	乳棒
☑ magnifying glass	ルーペ
☑ microscope [máɪkrəskòʊp]	顕微鏡
☑ petri dish	シャーレ, ペトリ皿
☑ preparation [prèpəréɪʃn]	プレパラート
☑ filter paper	ろ紙
☑ funnel [fʌ́nl]	漏斗
☑ separatory funnel	分液漏斗
☑ Buchner funnel	ブフナー漏斗
☑ Liebig condenser	リービッヒ冷却器
☑ evaporating dish	蒸発皿
☑ crucible [krúːsɪbl]	るつぼ
☑ burette [bjurét]	ビュレット
☑ balance [bǽləns]	天秤
☑ agitator [ǽdʒɪteɪtər]	攪拌器
☑ reagent [riéɪdʒənt]	試薬

リスト No.3 ▷ 世界史

☑ feudalism [fjúːdəlɪzəm]	封建制度
☑ the Renaissance [rénəsɑːns]	ルネサンス
☑ crusade [kruːséɪd]	十字軍
☑ the Age of Discovery	大交易時代
☑ absolute monarchy	絶対王政
☑ the Reformation [rèfərméɪʃn]	宗教改革
☑ mercantilism [mɜːrkǽntɪlɪzəm]	重商主義
☑ autocracy [ɔːtɑ́ːkrəsi]	専制政治
☑ the industrial revolution	産業革命
☑ colonization [kɑ̀ːlənəzéɪʃn]	植民地化
☑ imperialism [ɪmpíriəlɪzəm]	帝国主義
☑ the Civil War	南北戦争
☑ extraterritorial rights	治外法権
☑ tariff autonomy	関税自主権
☑ the Red Cross	赤十字
☑ the Great Depression	世界恐慌
☑ the Holocaust	ホロコースト
☑ the Cold War	冷戦
☑ oil crisis	石油危機
☑ development dictatorship	開発独裁
☑ League of Nations	国際連盟
☑ United Nations	国際連合
☑ apartheid [əpɑ́ːrtaɪt]	アパルトヘイト
☑ civil rights movement	公民権運動
☑ Arab spring	アラブの春

コーパスと英語学習

　みなさんは，単語帳を読んでいて，どのようにして単語帳に載せる単語を選んでいるか疑問に思ったことはありませんか。単語の選び方の1つにコーパスと呼ばれるテキストや発話などから言葉を大量に集め，構造化した言語データベースを使う方法があります。コーパス内で単語ごとの使用頻度を比べ，頻度が高いものを選ぶことができます。この単語帳の学術セクションの作成では，市販の単語帳，複数の学術書，Corpus of Contemporary American English（COCA https://www.english-corpora.org/coca/）と呼ばれるコーパスを組み合わせることで独自のデータベースを作りました。

　コーパスは，言語学の研究に利用されています。例えば，政治家の発話からコーパスを作り，どんな表現を多用していたかなどを見ることで話者の発言や思想の傾向を調べることができます。

　また，COCAなどのコーパスは，誰でもアクセスができるため，英語の勉強にも活用することができます。例えば，COCAを使って，コロケーションという2語以上の単語の繋がりを調べる時には，軸となる単語を入力することで，その単語に適した動詞や形容詞が頻度の高い順に出力されます。これまでの英語学習は，知らない単語があれば辞書を使って，単語の意味と若干の使い方を見るにとどまっていましたが，コーパスを使うことで，どのような表現がよく使われているかを，活用例の頻度を定量的に比較することで調べることができます。これまでの英語学習にコーパスを取り入れることで，効率的に，より実践でも使える英語を身につけることができるのです。

（清水孟彦［学生］）

Episode. 2

巣立ちの洞窟

国家と地域

「国家と地域」セクションには，国際情勢や政治経済の話の中でよく使われる単語が載っています。専門的で難しい単語もありますが，その1つの単語を知っているか知らないかで，どれだけ文の意味を正確に読み取れるかが変わってきます。とがった単語を覚えて，攻撃力を上げましょう！ ▼

0145 ✓ ★★
illicit
[ɪlísɪt]

形 ①不法の ②規範外の

◆ use of **illicit** drugs
（違法薬物の使用）

類**illegal**
[ɪlíːgl]

形 違法の

0146 ✓ ★★★
smuggle
[smʌ́gl]

動 〜を密輸する

◆ **smuggle** cocaine
（コカインを密輸する）

類**bootleg**
[búːtleg]

動 〜を密輸する　名 密輸

0147 ✓ ★★
ransom
[rǽnsəm]

名 身代金

◇ The captive was held to **ransom**.
（身代金のために人質がとられた。）

関**hostage**
[hάːstɪdʒ]

名 人質

0148 ✓ ★★★
trespass
[tréspæs]

動 不法侵入する

◆ no **trespassing**
（立ち入り禁止）

0149 ✓ ★
warrant
[wɔ́ːrənt]

名 ①逮捕状；令状 ②正当な理由 ③許可書

◇ The judge issued a search **warrant**.
（裁判官は捜索令状を発行した。）

0150 ☑ ★★
jurisdiction
[dʒòrɪsdíkʃn]

名 ①司法権 ②管轄権

◇ This district is under our **jurisdiction**.
（この地域は我々の管轄区域である。）

0151 ☑ ★★
tribunal
[traɪbjúːnl]

名 裁判所，法廷

◆ the Hague **Tribunal**
（ハーグ国際司法裁判所）

＊国際司法裁判所は，国連の司法機関でオランダのハーグに本部
がある。

0152 ☑ ★★
interrogate
[ɪntérəgeɪt]

動 ～を尋問する

◆ **interrogate** a suspect
（容疑者を尋問する）

0153 ☑ ★
accuse
[əkjúːz]

動 ～を告発する；非難する

◇ He was **accused** of money laundering.
（彼は資金洗浄で告発された。）

＊資金洗浄とは，犯罪などで不正に得た資金を，正当な手段で得
た資金であるように見せかけることを言う。

0154 ☑ ★
defendant
[dɪféndənt]

名 被告

◇ The **defendant** was charged with murder.
（被告人は殺人罪で起訴された。）

関 plaintiff
[pléɪntɪf]

名 原告

みんなで食べるピザが美味しい（至福の時）　39

0155 ☑ ★★★
indictment
[ɪndáɪtmənt]

图 ①起訴 (状)，告発 (状) ②(良くない) 兆
候

◆ issue an **indictment**
(起訴状を発行する)

*in (中に) +dict (言う) +ment (こと)。dictator (独裁者)
と同語源。

0156 ☑ ★★★
acquit
[əkwɪt]

動 ①～を無罪にする ②～を免除する

◇ They voted to **acquit** the defendant.
(彼らは被告を無罪にすることを票決した。)

類discharge
[dɪstʃɑ́:rdʒ]

動 ①～を釈放する ②～を解放する

0157 ☑ ★★
allegiance
[əlí:dʒəns]

图 忠誠，(根強い) 支持

◆ show **allegiance** to a nation
(国家への忠誠を示す)

0158 ☑ ★
voluntary
[vá:lənteri]

形 任意の，自発的な

◇ He took **voluntary** retirement.
(彼は自主退職した。)

0159 ☑ ★
monarchy
[má:nərki]

图 君主制

◆ constitutional **monarchy**
(立憲君主制)

*立憲君主制とは，憲法によって権力の行使が制限された君主制
のことである。

国家と
地域

0160 ☑★★
mandate
[mǽndeɪt]

名 ①権限 ②(与党の) 任期

◆ hold a **mandate** to change the rules
(ルールを変える権限を有する)

0161 ☑★★
sovereignty
[sάːvrənti]

名 ①主権，統治権 ②自治

◆ protect national **sovereignty**
(国家主権を保護する)

0162 ☑★★
hegemony
[hɪdʒéməni]

名 主導権，覇権

◆ hold **hegemony** over the Western world
(西洋の覇権を握る)

類 supremacy
[supréməsi]

名 覇権

0163 ☑★★
coercion
[kəʊʒːrʒn]

名 強制；威圧

◆ use **coercion** to obtain fingerprints
(強制的に指紋を採取する)

派 coercive
[kəʊʒːrsɪv]

形 強制的な，威圧的な

0164 ☑★★
polarization
[pòʊlərəzéɪʃn]

名 対立

◆ alleviate regional **polarization**
(地域の二極化を解消する)

＊polar（極の）＋ization（〜化すること）。

オムライスを作るスキルだけがアップする（みり） 41

0165 ☑ ★
neutrality
[nuːtrǽləti]

名 中立

◆ maintain **neutrality**
（中立を守る）

派 neutral
[núːtrəl]

形 中立な

0166 ☑ ★
scramble
[skrǽmbl]

動 ①ごちゃ混ぜにする ②奪い合う；争って
〜する

◇ The audience **scrambled** for the exit.
（聴衆はこぞって出口の方に行った。）

0167 ☑ ★★
succumb
[səkʌ́m]

動（戦い，病気，誘惑に）屈服する

◆ **succumb** to authority
（権力に屈服する）

＊suc（下に）＋cumb（倒れる）。subway（地下鉄），
submarine（潜水艦）などのsubも「下に」の意味。

0168 ☑ ★★
precarious
[prɪkériəs]

形 ①不確かな ②不安定な；危険な

◆ remain as a **precarious** argument
（証拠のない議論に留まる）

＊prec（祈る）＋ariousで「祈りによって得られた」が原義。pray
（祈る）と同語源。

0169 ✓ ★
instability
[ìnstəbíləti]

名 (政治や経済，心などの) 不安定さ

◇ There is **instability** in the stock market.
(株式市場には不安定さがある。)

類 **uncertainty**
[ʌnsə́:rtnti]

名 ①不確実性 ②不安定さ

類 **insecurity**
[ìnsɪkjúrəti]

名 ①不安定さ ②孤立

0170 ✓ ★★
rampant
[rǽmpənt]

形 ①横行している ②狂暴な

◇ Corruption is **rampant** in the country.
(その国では不正が横行している。)

0171 ✓ ★★
agitate
[ǽdʒɪteɪt]

動 ①～を扇動する ②(怒りや不安で) ～を
動揺させる

◆ **agitate** the crowd
(群衆を扇動する)

0172 ✓ ★★
protagonist
[prətǽɡənɪst]

名 ①指導者 ②主導者 ③主役

◇ The **protagonist** of the coup was executed.
(クーデターの首謀者は処刑された。)

0173 ✓ ★
friction
[fríkʃn]

名 ①摩擦 ②衝突

◆ decrease the impact of trade **friction**
(貿易摩擦の影響を弱める)

妙な自信を持って受けたテストは，だいたい惨敗（勉強しよう）　43

0174 ☑ ★★★
skirmish
[skə́:rmɪʃ]

名 小競り合い

◇ A **skirmish** broke out between the military forces and the rebel group.
(軍隊と反乱軍の間で小競り合いが勃発した。)

0175 ☑ ★★
turmoil
[tə́:rmɔɪl]

名 騒ぎ，混乱

◆ cause political **turmoil**
(政治的混乱を起こす)

類 riot
[ráɪət]

名 暴動，騒動

0176 ☑ ★★
backlash
[bǽklæʃ]

名 (過激な) 反発，反動

◆ fear a political **backlash**
(政治的反発を恐れる)

0177 ☑ ★★★
subvert
[səbvə́:rt]

動 ～を覆す，転覆させる

◆ **subvert** the current government
(現政府を転覆させる)

0178 ☑ ★
tilt
[tɪlt]

動 傾く；～を傾ける

◆ **tilt** the balance of power
(力の均衡を崩す)

0179 ☑ ★★
deterrence
[dɪtə́ːrəns]

名 抑止，阻止

◆ acquire a nuclear **deterrence**
（核抑止力を得る）

0180 ☑ ★★
arbitration
[ὰːrbɪtréɪʃn]

名 仲裁

◆ settle the disputes by **arbitration**
（論争を仲裁で解決する）

0181 ☑ ★★
intervention
[intərvénʃn]

名 ①調停 ②干渉

◆ avoid armed **intervention**
（武力干渉を避ける）

＊inter（間に）+ven（来る）+tion（こと）。prevent（前に来
る→妨げる）と同語源。

0182 ☑ ★
mediate
[míːdieɪt]

動 〜を調停する，和解させる

◆ **mediate** a dispute
（論争を調停する）

0183 ☑ ★
withdrawal
[wɪðdrɔ́ːəl]

名 ①（預金の）引き出し ②撤退 ③取り消し
④引きこもり

◆ make a strategic **withdrawal**
（戦略的撤退をする）

引っ越しの手伝いに来た家族がキャベツを 1 玉買ってくる（焼きそば祭） 　45

0184 ☑ ★★
encompass
[ɪnkʌ́mpəs]

動 ①〜を包囲する ②〜を含む

◇ Culture **encompasses** language, religion, and tradition.
（文化には言語や宗教，伝統が含まれる。）

0185 ☑ ★★
propagate
[prɑ́:pəgeɪt]

動 〜を伝播する，広める

◆ **propagate** one's religious faith
（信仰を広める）

0186 ☑ ★★
solidarity
[sɑ̀:lɪdǽrəti]

名 結束，連帯，団結

◇ **Solidarity** is an important factor for any group wanting to achieve goals.
（団結は目的を達成しようとするあらゆる組織にとって，重要な要素である。）

0187 ☑ ★★
consolidate
[kənsɑ́:lɪdeɪt]

動 ①〜を統合する；〜を1つにまとめる
②〜を固める

◆ **consolidate** one's position
（地位を固める）

＊con（完全に）＋solid（固まった）＋ate。solidarity（結束）
と同語源。

0188 ☑ ★★
rapport
[ræpɔ́:r]

名 (親密な) 関係

◆ build a better **rapport**
（より良い関係を築く）

国家と
地域

0189 ☑ ★
delegation
[dèlɪɡéɪʃn]

名 ①代表団 ②委任

◆ send a **delegation** to the USA
（アメリカに代表団を派遣する）

0190 ☑ ★★
convene
[kənvíːn]

動 (会議など) を召集する

◆ **convene** a meeting
（会議を招集する）

＊con（ともに）＋vene（来る）が語源。

0191 ☑ ★
proxy
[prάːksi]

名 代理(権), 代理人

◆ apply for a **proxy** vote
（代理投票を申し込む）

＊代理投票とは，身体障がいなどによって自分で投票できない者
のために，代理人が投票用紙に記入して投票することを言う。

類 **agent**
[éɪdʒənt]

名 代理人

0192 ☑ ★★
heir
[er]

名 ①相続人 ②後継者

◇ She is the **heir** to the estate.
（彼女がその資産の相続人である。）

類 **successor**
[səksésər]

名 後継者

0193 ☑ ★
predecessor
[prédəsesər]

名 前任者

◆ follow the footsteps of the **predecessors**
（先人の足跡をたどる）

キャンパスが田舎だと，冬の夜空が超絶きれい。(オリオン)　47

0194 ☑ ★★
demise
[dɪmáɪz]

名 ①(活動・思想などの)終焉 ②権利譲渡
③死去

◆ **demise** of the crown
(王位継承)

0195 ☑ ★★★
circumscribe
[sə́:rkəmskraɪb]

動 ①(〜の及ぶ範囲)を制限する ②境界線
を引く

◇ Their freedom of expression was **circumscribed**.
(彼らの表現の自由は厳しく制限されていた。)

＊circum(周りに)+scribe(書く)。circumstance(環境)と
同語源。

0196 ☑ ★★
recede
[rɪsíːd]

動 ①後退する ②減少する，弱まる

◇ The riot is **receding**.
(暴動は治まりつつある。)

0197 ☑ ★
confine
[kənfáɪn]

動 ①〜を(ある範囲内に)制限する
②〜を閉じ込める

◇ The refugees were **confined** to an area.
(難民は1つの地域に閉じ込められていた。)

0198 ☑ ★★
curtail
[kɜːrtéɪl]

動 ①〜を省略する ②〜を削減する

◆ **curtail** civil liberties
(自由権を縮小する)

48

0199 ☑ ★★
forgo
[fɔːrgóʊ]

動 ①〜を控える，しないようにする
②〜を遺棄する

◆ **forgo** the right to a trial
（裁判の権利を捨てる）

0200 ☑ ★★★
renounce
[rɪnáʊns]

動 (意見や立場など) を放棄する，〜との縁
を絶つ

◆ **renounce** the right of succession
（相続権を放棄する）

0201 ☑ ★★
predicament
[prɪdíkəmənt]

名 苦境

◆ **predicament** of street children
（ストリートチルドレンが置かれている苦境）

0202 ☑ ★★★
emanate
[éməneɪt]

動 〜を生み出す；発揮する，発する

◇ Most of the economic growth **emanated** from the
industrial sector.
（経済成長のほとんどは産業セクターから発生した。）

0203 ☑ ★★
exertion
[ɪgzɝːrʃn]

名 ①努力 ②(力や権力の) 行使

◆ **exertion** of authority
（権力の行使）

タピオカの列に並んで悦に入る（現代っ子）　　49

0204 ☑ ★
deed
[di:d]

名 行動，行為

◆ perform a brave **deed**
（勇敢な行動をとる）

0205 ☑ ★★★
philanthropy
[fɪlǽnθrəpi]

名 ①慈善行為 ②博愛主義

◆ rely on **philanthropy**
（慈善行為に頼る）

0206 ☑ ★★
tenure
[ténjər]

名 ①在職期間，任期 ②（大学教員の）終身
在職権 ③不動産の保有権

◆ be given a life **tenure**
（終身任期を与えられる）

＊ten（保つ）+ure。contain（～を含む），sustain（～を支え
る）と同語源。

0207 ☑ ★★
franchise
[frǽntʃaɪz]

名 ①選挙権 ②フランチャイズ

◆ guarantee women's **franchise**
（女性の選挙権を保障する）

＊②のフランチャイズとは，コンビニなど加盟店が事業本部の商
標，チェーン名称を借りて行うビジネス形態のことを言う。

0208 ☑ ★★★
suffrage
[sʌ́frɪdʒ]

名 ①参政権 ②選挙権

◆ achieve universal **suffrage**
（普通選挙を実現する）

国家と
地域

0209 ☑ ★★
precinct
[prí:sɪŋkt]

名 ①選挙区 ②地域，構内

◆ voting **precinct** in Fukuoka
（福岡にある選挙投票区）

0210 ☑ ★★★
depose
[dɪpóʊz]

動 ①〜を罷免する ②〜を証言する

◆ **depose** the prime minister
（首相を罷免する）

＊de（下に）＋pose（置く）。expose（〜をさらす）と同語源。

0211 ☑ ★★
solicit
[səlísɪt]

動 〜を請願する

◆ **solicit** help
（援助を求める）

派 solicitude
[səlísɪtu:d]

名 心配，思いやり

0212 ☑ ★
enact
[ɪnǽkt]

動 ①（法律）を制定する ②〜を上演する

◆ **enact** a law
（法律を制定する）

0213 ☑ ★★★
stipulate
[stípjuleɪt]

動 〜を規定する

◇ The cease-fire was **stipulated** by the treaty.
（停戦は条約によって規定された。）

変身したいが変身の仕方が分からない（コンパクト）　51

0214 ☑★
protocol
[próʊtəkɑːl]

名 ①外交儀礼 ②議定書 ③協定

◆ adopt the Kyoto **Protocol**
（京都議定書を採択する）

0215 ☑★★
veto
[víːtəʊ]

名 ①拒否権 ②禁止

◆ exercise a **veto**
（拒否権を行使する）

0216 ☑★★
embargo
[ɪmbáːrgəʊ]

名 （貿易の）禁止，禁止令
動 （貿易）を禁止する

◆ impose an **embargo** on some countries
（いくつかの国との貿易禁止の措置をとる）

＊em（〜の中に）＋bar（横木）＋go。bar（棒，（カウンターの
ある）酒場），barrel（たる）と同語源。

0217 ☑★★
embark
[ɪmbáːrk]

動 出航する，乗り出す；（船・飛行機に）搭
乗する

◆ **embark** on a diplomatic career
（外交官としての活動を始める）

0218 ☑★★
endorse
[ɪndɔ́ːrs]

動 ①〜を支持する ②（商品）を勧める

◆ **endorse** the partnership agreement
（パートナーシップ協定を支持する）

0219 ☑ ★★
ratify
[rǽtɪfaɪ]

動 ①(条約等）を批准する ②〜を裁可する

◆ **ratify** a protocol
（議定書を批准する）

派 **ratification**
[rætɪfɪkéɪʃn]

名 批准

0220 ☑ ★
transaction
[trænzǽkʃn]

名 ①処理 ②取引

◆ perform a sales **transaction**
（売買取引を行う）

0221 ☑ ★★
dividend
[dívɪdend]

名 配当金

◆ pay a high **dividend**
（高い配当金を払う）

＊di（ばらばらに）＋vide（分ける）＋nd。division（割り算）
と同語源。

0222 ☑ ★
quota
[kwǽʊtə]

名 ①割り当て（量）②配給

◆ exceed the disk **quota**
（ディスク容量を超える）

0223 ☑ ★★
mortgage
[mɔ́:rgɪdʒ]

名 ①抵当 ②住宅ローン

◆ pay off a **mortgage**
（住宅ローンを完済する）

0224 ☑ ★
entrepreneur
[ὰ:ntrəprənə́:r]

图 ①企業家 ②請負人

◇ The **entrepreneur** was on the edge of bankruptcy.
(その実業家は破産に直面した。)

0225 ☑ ★★
privatization
[prὰɪvətəzéɪʃn]

图 民営化

◇ The **privatization** plan is facing opposition from the citizens.
(民営化計画は国民の反対を受けている。)

0226 ☑ ★★
turnover
[tə́:rnəʊvər]

图 ①売上高 ②順位変動 ③転覆，転倒
④転職率

◆ achieve a substantial increase in **turnover**
(売上高の大幅な増加を達成する)

0227 ☑ ★★
surplus
[sə́:rplʌs]

图 ①余剰 ②黒字

◆ run a **surplus**
(黒字になる)

図deficit
[défɪsɪt]

图 ①不足 ②赤字

0228 ☑ ★
quotation
[kwəʊtéɪʃn]

图 ①相場 ②引用，引用文 ③見積り

◆ foreign exchange **quotation**
(外貨為替相場)

国家と
地域

0229 ★★★
bull market

名 上昇相場

◆ make money in a **bull market**
（上昇相場でお金を稼ぐ）

対 bear market

名 下落相場

0230 ★★★
depreciation
[dɪpriːʃiéɪʃn]

名 ①下落 ②減価償却

◆ **depreciation** of the currency's value
（通貨価値の下落）

0231 ★
extravagant
[ɪkstrǽvəgənt]

形 ①贅沢な ②（意見や行動が）過剰な

◆ criticize the **extravagant** use of the budget
（予算の過剰使用を批判する）

対 economical
[iːkənáːmɪkl]

形 節約の；コストパフォーマンスの高い

0232 ★★
unanimous
[junǽnɪməs]

形 満場一致の，全員が合意して

◆ a **unanimous** decision on the new plan
（新計画に対する満場一致の決定）

＊un (i)（1つの）+anim（心）+ous。uniform（ユニフォーム），unite（〜を1つにする）と同語源。

0233 ★★
paramount
[pǽrəmaʊnt]

形 よりいっそう重要な，最高の

◆ put **paramount** importance on safety
（安全性を最重要視する）

豆腐も電子レンジで爆発する（あれれ？）　55

0234 ☑★★
preposterous
[prɪpá:stərəs]

形 ①不合理な ②常軌を逸した

◆ make a **preposterous** proposition
(非常識な提案をする)

0235 ☑★★
nominal
[ná:mɪnl]

形 ①名目の；名ばかりの ②わずかな

◆ maintain **nominal** economic growth rate
(名目経済成長率を維持する)

0236 ☑★★★
clandestine
[klændéstɪn]

形 秘密の

◆ organize a **clandestine** meeting
(密会を計画する)

0237 ☑★★
conspiracy
[kənspírəsi]

名 陰謀

◆ disclose a political **conspiracy**
(政治的陰謀を暴露する)

＊con（共に）＋spir（息をする）＋acy。respire（呼吸する），
expire（期限が切れる）と同語源。

0238 ☑★★
chronicle
[krá:nɪkl]

名 年代記

◆ compile a **chronicle**
(年代記を編む)

派 chronological
[krɑ̀:nəlá:dʒɪkl]

形 年代順の

56

国家と地域

0239 ☑★★
legacy
[légəsi]

名 ①遺産 ②遺物

◆ leave the **legacy** to the next generation
（遺産を次の世代に残す）

0240 ☑★★
archaic
[ɑːrkéɪɪk]

形 ①古風な ②古臭い

◆ change the **archaic** political system
（古い政治システムを変える）

類antiquated
[ǽntɪkweɪtɪd]

形 時代遅れの

0241 ☑★★
excavate
[ékskəveɪt]

動 ～を掘る，発掘する

◆ **excavate** the site
（遺跡を発掘する）

派excavation
[èkskəvéɪʃn]

名 ①発掘 ②発掘場

0242 ☑★★
obsolete
[àːbsəlíːt]

形 廃れた，時代遅れの

◆ dispose of **obsolete** technology
（時代遅れの技術を捨てる）

0243 ☑★
contemporary
[kəntémpəreri]

形 現代の

◆ study **contemporary** history
（現代史を勉強する）

0244 ☑ ★
advent
[ǽdvent]

图 出現；到来

◆ the **advent** of the artificial intelligence era
（人工知能時代の到来）

*ad（～へ）+vent（来る）。convene（集まる），intervene
（干渉する）と同語源。

0245 ☑ ★
permanent
[pə́:rmənənt]

形 ①永続的な ②常設の

◆ gain **permanent** residence status
（永住権を得る）

0246 ☑ ★★
materialism
[mətíriəlzəm]

图 ①物質主義 ②唯物論

◇ Marx and Engels argued dialectic **materialism**.
（マルクスとエンゲルスは唯物弁証法を論じた。）

0247 ☑ ★★
caricature
[kǽrɪkətʃər]

图 風刺画，戯画

◆ draw a **caricature** of socialism
（社会主義の風刺画を描く）

0248 ☑ ★★
Confucianism
[kənfjú:ʃənɪzəm]

图 儒教

◇ Confucius is the father of **Confucianism**.
（孔子は儒教の祖である。）

0249 ✍★
Pope
[pəʊp]

名 ローマ教皇

◇ The **Pope** is the head of the Catholic Church.
(ローマ教皇はカトリック教会の首長である。)

麹pontiff
[pá:ntɪf]

名 ローマ教皇

0250 ✍★★★
denomination
[dɪnà:mɪnéɪʃn]

名 ①〔キリスト教〕宗派 ②(数値, 通貨等の)
単位

◆ cause a conflict between **denominations**
(キリスト教の宗派同士の対立を引き起こす)

0251 ✍★★
resurrection
[rèzərékʃn]

名〔キリスト教〕復活

◇ Christians believe in the **resurrection** of Jesus.
(キリスト教徒はイエスの復活を信じている。)

＊イースター(復活祭)は, 十字架にかけられて死んだイエス・
キリストの復活を祝う祭り。

0252 ✍★
divine
[dɪváɪn]

形 神の, 神聖な

◆ receive **divine** revelation
(天啓を受ける)

リスト No.4 ▷ 思想・主義

☑ anarchism [ǽnərkɪzəm] 無政府主義

☑ liberalism [líbərəlɪzəm] 自由主義

☑ conservatism [kənsə́ːrvətɪzəm] 保守主義

☑ democracy [dɪmɑ́ːkrəsi] 民主主義

☑ capitalism [kǽpɪtəlɪzəm] 資本主義

☑ socialism [sóʊʃəlɪzəm] 社会主義

☑ communism [kɑ́ːmjənɪzəm] 共産主義

☑ republicanism [rɪpʌ́blɪkənɪzəm] 共和主義

☑ pacifism [pǽsɪfɪzəm] 平和主義

☑ constitutionalism [kɑːnstɪtúːʃənəlɪzəm] 立憲主義

☑ populism [pɑ́ːpjəlɪzəm] 人民主義

☑ totalitarianism [təʊtælətériənɪzəm] 全体主義

☑ egoism [íːgəʊɪzəm] 利己主義

☑ altruism [ǽltruɪzəm] 利他主義

☑ egalitarianism [igælɪtériənɪzəm] 平等主義

☑ utilitarianism [jùːtɪlɪtériənɪzəm] 功利主義

☑ behaviorism [bɪhéɪvjərɪzəm] 行動主義

☑ meritocracy [mèrɪtɑ́ːkrəsi] 実力主義

☑ existentialism [ègzɪsténʃəlɪzəm] 実存主義

☑ structuralism [strʌ́ktʃərəlɪzəm] 構造主義

☑ fundamentalism [fʌ̀ndəméntəlɪzəm] 原理主義

☑ revisionism [rɪvíʒənɪzəm] 修正主義

☑ perfectionism [pərfékʃənɪzəm] 完璧主義

☑ optimism [ɑ́ːptɪmɪzəm] 楽観主義

☑ pessimism [pésɪmɪzəm] 悲観主義

Episode. 3

迷いの分岐路

地球・環境

「地球・環境」セクションには，地球や宇宙の環境や自然を理解するために必要な単語が載っています。知っていそうで知らない単語が多くあると思いますが，このエリアの単語を覚えることで，様々な現象を説明できるようになります。どんな攻撃にも耐えられる守備力を身に付けましょう！　▼

0253 ★
particle
[pá:rtɪkl]

名 粒子

◆ find a new elementary **particle**
（新しい素粒子を発見する）

0254 ★★
hydrocarbon
[hàɪdrəká:rbən]

名 炭化水素

◇ A side effect of burning **hydrocarbons** is climate change.
（炭化水素を燃やすことの付随現象の1つは気候変動である。）

＊炭化水素は，炭素と水素から成る有機化合物のことを指す。石油や天然ガスは多種類の炭化水素の混合物である。

0255 ★
radiate
[réɪdieɪt]

動 ～を放射する，拡散する

◇ The surface of the earth **radiates** infrared rays.
（地球の表面は赤外線を放射する。）

0256 ★★
diffuse
[dɪfjú:z]

動 ～をまき散らす，拡散する；分散させる

◇ Drones are increasingly utilized to **diffuse** insecticides.
（ドローンはますます殺虫剤を散布するために使われている。）

0257 ★★
microorganism
[màɪkrəʊɔ́:rgənɪzəm]

名 微生物

◆ observe **microorganisms** under a microscope
（顕微鏡で微生物を観察する）

類 microbe
[máɪkrəʊb]

名 微生物，病原菌

地球・
環境

0258 ✍️ ★★
parasite
[pǽrəsàit]

名 寄生虫

◇ A **parasite** receives nourishment from its host organism.
（寄生虫は宿主となる生物から栄養をもらう。）

0259 ✍️ ★
pollen
[pá:lən]

名 花粉

◆ have an allergy to **pollen**
（花粉症である）

0260 ✍️ ★★
fungus
[fʌ́ŋgəs]

名 菌類

◇ Mushrooms are a kind of **fungus**, not a plant.
（キノコは菌類の一種であり，植物ではない。）

関**bacteria**
[bæktíəriə]

名 細菌類

0261 ✍️ ★★
algae
[ǽldʒiː]

名 藻類

◇ **Algae** have inhabited the earth for more than 3 billion years.
（藻類は30億年以上前から地球に生息している。）

0262 ✍️ ★
hatch
[hætʃ]

動 ～を孵化させる；孵化する

◆ **hatch** eggs
（卵をかえす）

0263 ☑ ★
shed
[ʃed]

動 ①〜を流す；発する ②〜を落とす
③〜を取り除く

◆ **shed** blood
（血を流す）

関 watershed
[wɔ́:tərʃed]

名 ①分水界，分水嶺 ②分岐点となる出来事

0264 ☑ ★★
generic
[dʒənérɪk]

形 ①属の ②一般的な，包括的な

◆ identify the **generic** name of the unknown insect
（未知の昆虫の属名を特定する）

0265 ☑ ★★★
delineate
[dɪlínieɪt]

動 〜を（詳細に）描く

◆ **delineate** the shape of the insect
（昆虫の形を詳細に描く）

*de（はっきりと）+line（線）+ate（〜する）。linear（直線
の）と同語源。

0266 ☑ ★
ensure
[ɪnʃʊ́r]

動 〜を確実にする，保証する

◇ Business success **ensures** your continued employment.
（ビジネスでの成功は継続した雇用を保証する。）

0267 ☑ ★★
spurious
[spjʊ́riəs]

形 ①偽物の ②うわべだけの

◆ be deceived by a **spurious** article
（偽物に騙される）

64

0268 ★★★
extraneous
[ıkstréıniəs]

形 異質な；関係しない

◆ remove **extraneous** matter from an ore
（鉱石から異質物を取り除く）

0269 ★★
impetus
[ímpıtəs]

名 ①刺激 ②運動量

◆ give **impetus** to a test object
（被検体に刺激を与える）

0270 ★
momentum
[məʊméntəm]

名 ①運動量 ②促進力

◇ The **momentum** of an object is equal to its mass multiplied by its velocity.
（物体の運動量は，その質量と速度をかけたものに等しい。）

0271 ★★
kinetic
[kınétık]

形 運動によって生じる

◆ convert **kinetic** energy into electricity
（運動エネルギーを電気に変換する）

0272 ★★
pendulum
[péndʒələm]

名 振り子

◇ The period of the **pendulum** does not depend on its mass.
（振り子の周期は，おもりの重さに依らない。）

日常会話が小ネタ満載（なんだって） 　65

0273 ☑ ★
frequency
[frí:kwənsi]

名 ①周波数 ②頻発 ③頻度

◆ measure the **frequency** of light
（光の周波数を測る）

0274 ☑ ★★
fluctuate
[flʌ́ktʃueɪt]

動（質や量が）変動する

◇ Temperatures in this area **fluctuate** significantly.
（この地域の気温は著しく変動する。）

0275 ☑ ★★
trajectory
[trədʒéktəri]

名 軌道

◆ calculate the **trajectory** of the missile
（ミサイルの軌道を計算する）

＊tra(ns)（～の向こうへ）＋ject（投げる）＋ory。inject（注入
する）と同語源。

0276 ☑ ★★
hydraulic
[haɪdrɔ́ːlɪk]

形 水圧の

◆ control **hydraulic** pressure
（水圧を制御する）

0277 ☑ ★★
evaporation
[ɪvæ̀pəréɪʃn]

名 蒸発

◇ The level of the lake drops substantially in summer
months due to **evaporation**.
（湖の水位は蒸発によって夏の間大きく低下する。）

地球・
環境

0278 ✎ ★
fluid
[flúːɪd]

名 流体；液体

◇ Liquids, gases, and plasma are grouped as **fluids**.
（液体，気体，プラズマは流体に部類される。）

0279 ✎ ★★★
stagnant
[stǽɡnənt]

形 流れのない，停滞している

◆ drain off **stagnant** water to clean a pool
（プールを掃除するために溜まった水を流す）

地球・
環境

0280 ✎ ★
spiral
[spáɪrəl]

名 ①らせん；渦巻き ②悪循環
動 ①急増する ②渦を巻く

◇ Birds of prey fly in a **spiral** pattern.
（猛禽類は渦巻状に飛ぶ。）

0281 ✎ ★★
semiconductor
[sémikəndʌktər]

名 半導体

◆ produce **semiconductors** for electronic equipment
（電子機器の半導体を製造する）

関 insulator
[ínsəleɪtər]

名 絶縁体

0282 ✎ ★
asteroid
[ǽstərɔɪd]

名 小惑星

◇ Probes land on **asteroids** to check their mineral content.
（ミネラル含有量を調べるために小惑星の地面を調査する。）

会ったことのない人にメールを送るときの緊張感（ドキドキ）

0283 ☑ ★★
eclipse
[ɪklíps]

图 (太陽や月の) 食

◇ A solar **eclipse** occurs when the Sun, Moon, and Earth are aligned.
(日食は太陽と月と地球が一直線に並んだ時に起こる。)

＊solar eclipseが日食，lunar eclipseが月食である。

0284 ☑ ★★★
nebula
[nébjələ]

图 星雲

◆ a spiral **nebula**
(渦巻き星雲)

0285 ☑ ★★
terrestrial
[təréstriəl]

形 地上の，陸上の，地球の

◇ There was no **terrestrial** life on earth 4 billion years ago.
(40億年前，地球上には陸上生物はいなかった。)

＊terr(a) の語源は「土地の，地上の」という意味。
extraterrestrialで「地球外の」の意味。

0286 ☑ ★★
jeopardy
[dʒépərdi]

图 危険

◇ Poor planning puts people in **jeopardy**.
(不十分な計画は人々を危険にさらす。)

0287 ☑ ★
evacuation
[ɪvækjuéɪʃn]

图 避難，脱出

◆ hold **evacuation** drills
(避難訓練を行う)

68

地球・
環境

0288 ★★
biosphere
[báɪəʊsfɪr]

名 生物圏

◇ The Earth's **biosphere** is threatened by human activity.
(地球の生物圏は人類の活動によって脅かされている。)

0289 ★★★
fauna
[fɔ́:nə]

名 動物相

◇ The Galapagos Islands are famous for their peculiar **fauna** and flora.
(ガラパゴス諸島は，その地域に特有な動物相や植物相でよく知られている。)

関flora
[flɔ́:rə]

名 植物相

0290 ★★
perennial
[pəréniəl]

形 長期間続く，多年生の

◇ **Perennial** plants live for many years.
(多年生植物は何年にもわたって生存する。)

＊per（～を通して）+e[a]nn（年）+ial。annual（1年の）と同語源。

0291 ★★
morphology
[mɔːrfɑ́:lədʒi]

名 ①形態学；形態 ②語形論

◆ research the structure of plants through **morphology**
(形態学を通して植物の構造を研究する)

0292 ★★
reclaim
[rɪkléɪm]

動 ①～を回収する，再生利用する ②～を改心させる ③～を開墾する

◆ **reclaim** empty bottles and cans
(空きビンと空き缶を回収する)

0293 ☑ ★
exploit
[ɪksplɔ́ɪt]

動 ①〜を開発する, 開拓する ②〜を利用する；搾取する

◆ **exploit** land for urban development
(都市開発のために土地を開拓する)

0294 ☑ ★★
intact
[ɪntǽkt]

形 完全な, 傷がない

◇ The rock was left **intact** for a thousand years.
(その石は1000年もの間そのままの形で残されていた。)

0295 ☑ ★★★
pristine
[prísti:n]

形 ①汚れていない, 清潔な ②未開の, 原始の

◇ We should try to keep the ocean **pristine**.
(海をきれいなまま保つ努力をすべきだ。)

0296 ☑ ★★
revert
[rɪvə́:rt]

動 もとに戻る, 前に戻る

◇ The settlement **reverted** to wasteland.
(開拓地が荒地に戻った。)

＊re (もとに) +vert (〜を回転させる)。reverse (〜を逆にする) と同語源。

0297 ☑ ★
reversible
[rɪvə́:rsəbl]

形 ①両面仕様の ②可逆性の

◆ utilize a **reversible** reaction
(可逆反応を利用する)

70

0298 ☑ ★
coincide
[kòʊinsáid]

動 ①同時に起こる ②一致する ③共通する

◇ A typhoon **coincided** with the earthquake.
（台風と地震が同時に起こった。）

0299 ☑ ★★
snare
[sner]

名 わな，甘い誘惑
動 （動物）を捕まえる

◆ lay a **snare** for boars
（イノシシ用のわなを仕掛ける）

地球・
環境

0300 ☑ ★★★
impervious
[ɪmpə́ːrviəs]

形 ①影響をうけない ②通さない

◆ wear protective clothing **impervious** to the outside air
（どんな外気も通さない防護服を着る）

0301 ☑ ★★★
capricious
[kəpríʃəs]

形 突発的な，急変する

◆ beware a **capricious** change in the winter weather
（冬の天気の急激な変化を警戒する）

0302 ☑ ★★
turbulent
[tə́ːrbjələnt]

形 ①急変する ②騒々しい

◆ generate a **turbulent** flow of air
（乱気流を発生させる）

派 turbulence
[tə́ːrbjələns]

名 ①乱流 ②激動

自分の誕生日は自己申告で「祝ってください！」（祝って♡）　　71

0303 ✓ ★
blast
[blæst]

名 ①突風 ②大きな音 ③爆発

◇ A sudden **blast** of wind cut down many trees.
(急な突風により多くの木が薙ぎ払われた。)

0304 ✓ ★★
avalanche
[ǽvəlæntʃ]

名 雪崩

◇ The **avalanche** was caused by changes in temperature.
(その雪崩は気温の変化によって引き起こされた。)

0305 ✓ ★★
heave
[hiːv]

動 (重いもの) を持ち上げる
名 隆起

◆ **heave** a rock up a slope
(重たい石を持って坂を登る)

0306 ✓ ★★★
upheaval
[ʌphíːvl]

名 ①隆起 ②(社会の) 激動

◆ an **upheaval** caused by the earthquake
(地震により起きた地面の隆起)

0307 ✓ ★★
bedrock
[bédrɑːk]

名 ①岩盤 ②基盤

◇ The collapse of **bedrock** was caused by geological factors.
(岩盤の崩壊には地質的要因が絡んでいた。)

0308 ☑ ★★
deteriorate
[dɪtíriəreɪt]

動 ①悪化する ②〜を悪化させる

◇ The global environment is **deteriorating**.
（地球環境が悪化している。）

0309 ☑ ★
erode
[ɪróʊd]

動 〜を侵食する，腐食する

◇ Sea breeze **erodes** buildings faster.
（海風は建築物を早く腐食させる。）

地球・
環境

0310 ☑ ★
fragile
[frǽdʒl]

形 もろい，割れやすい

◇ Biologically **fragile** species are driven to extinction.
（生物学的に弱い種が絶滅に追い込まれる。）

＊frag（〜を壊す）＋ile。fracture（骨折），fragment（破片）と
同語源。

0311 ☑ ★★★
tenuous
[ténjuəs]

形 希薄な，はがれやすい

◇ Biotites have **tenuous** structures.
（黒雲母ははがれやすい構造をしている。）

0312 ☑ ★★
feeble
[fíːbl]

形 ①弱々しい ②無駄な

◇ Nocturnal insects can gather around **feeble** light.
（夜行性の昆虫は微弱な光に寄ってくることもある。）

キャンパスが広い。広すぎる。（広大な…） 73

0313 ☑ ★★
scrape
[skreɪp]

動 ①〜を削りとる ②〜をこする ③〜を掘る

◆ collect a sample of matter by **scraping** trees
（木を削って物質のサンプルを取る）

0314 ☑ ★
sediment
[sédɪmənt]

名 堆積物，沈殿物

◆ **sediments** accumulated at the bottom
（底に溜まった堆積物）

*sedi（座る）+ment。president（前に座る人＝大統領）と同語源。

類 **deposit**
[dɪpάːzɪt]

名 沈殿物，堆積物

0315 ☑ ★
stratum
[stréɪtəm]

名 ①地層 ②階級

◆ a **stratum** of sedimentary rocks
（堆積岩の地層）

0316 ☑ ★★
seismic
[sáɪzmɪk]

形 ①地震の ②強大な

◆ be located near the **seismic** center
（震源地の近くに位置する）

0317 ☑ ★★
graphite
[grǽfaɪt]

名 黒鉛

◇ **Graphite** is a native element consisting of carbon.
（黒鉛とは炭素から成る元素鉱物である。）

0318 ☑ ★★
charcoal
[tʃáːrkəʊl]

名 木炭

◆ burn **charcoal** to generate heat energy
（熱エネルギーを発生させるために木炭を燃やす）

0319 ☑ ★★
combustion
[kəmbʌ́stʃən]

名 燃焼

◆ prevent incomplete **combustion**
（不完全燃焼を防ぐ）

0320 ☑ ★★
kerosene
[kérəsiːn]

名 灯油

◇ **Kerosene** is extracted from petroleum by exploiting the different boiling points of hydrocarbons.
（灯油は炭化水素の沸点の違いを利用して石油から抽出される。）

0321 ☑ ★★
limestone
[láɪmstəʊn]

名 石灰岩

◇ Some **limestones** contain fossils.
（石灰岩には化石を含むものもある。）

0322 ☑ ★
thermal
[θə́ːrml]

形 ①熱の ②保温の

◇ Natural **thermal** generation is a sustainable energy source.
（自然の熱を使った発電は持続可能なエネルギー源である。）

0323 ☑ ★★
chasm
[kǽzəm]

名 ①相違 ②(地表の) 深い割れ目

◇ A recent earthquake caused a **chasm** to widen.
(最近の地震で割れ目が広がった。)

0324 ☑ ★
descend
[dısénd]

動 ～を下る，降りる

◆ **descend** a hill
(丘を下る)

0325 ☑ ★★
detour
[díːtʊr]

名 遠回り，回り道

◇ We had to take a **detour** because of the traffic accident.
(交通事故のせいで回り道をしなければいけなかった。)

＊de (～から離れる) ＋tour (周る)。tour(観光旅行)，return
(～を返す) と同語源。

0326 ☑ ★
topography
[təpάːgrəfi]

名 地形；地形学

◆ survey the **topography** of the land using a drone
(ドローンを使って地形を測量する)

0327 ☑ ★
configuration
[kənfìgjəréıʃn]

名 配置，構造，形状

◇ Snow crystals have various types of **configurations**.
(雪の結晶には様々な形がある。)

0328 ✓ ★
peninsula
[pənínsələ]

名 半島

◆ the Liaodong **Peninsula**
(遼東半島)

関 **archipelago**
[ὰːrkɪpéləgəʊ]

名 列島

0329 ✓ ★★
plateau
[plætóʊ]

名 ①高原，台地 ②停滞期

◇ The **plateau** is well drained and used for orchards.
(その台地は水はけがよく，果樹園に利用される。)

関 **alluvial fan**

名 扇状地

関 **delta**
[déltə]

名 三角州

0330 ✓ ★
cascade
[kæskéɪd]

名 ①小滝 ②連続

◆ cause a **cascade** of chemical reactions
(化学反応の連鎖を引き起こす)

関 **swamp**
[swɑːmp]

名 沼地

0331 ✓ ★★
gorge
[gɔːrdʒ]

名 峡谷

◆ construct a dam in the **gorge**
(峡谷にダムを建設する)

0332 ✓ ★★
strait
[streɪt]

名 ①海峡 ②(金欠による) 困難

◇ The **strait** of Malacca is a transportational hub.
(マラッカ海峡は交通上の要衝である。)

0333 ☑ ★
tide
[taɪd]

名 ①潮 ②傾向，（集団の）流れ ③栄枯盛衰

◆ spring **tide** and high **tide**
（大潮と満潮）

0334 ☑ ★★★
nautical
[nɔ́:tɪkl]

形 航海の

◆ inspect **nautical** instruments
（航海計器を点検する）

0335 ☑ ★★
strand
[strænd]

動 ①～を座礁させる ②～を行き詰まらせる

◇ A whale was **stranded** on the shore.
（クジラが岸に打ち上げられた。）

0336 ☑ ★★
beacon
[bí:kən]

名 かがり火，のろし

◆ communicate using a **beacon**
（のろしで意思伝達する）

0337 ☑ ★
inherent
[ɪnhérənt]

形 固有の，生まれつきの

◇ Flying toward a light is **inherent** in moths.
（蛾が光に向かって飛ぶのは生得的行動である。）

0338 ✍ ★★★
endemic
[endémɪk]

形 地域特有の

◆ prevention and control of **endemic** diseases
（風土病の予防と制御）

対**epidemic**
[èpɪdémɪk]

形 広い地域で起こる；（病が）流行する

地球・
環境

0339 ✍ ★★
nomad
[nóʊmæd]

名 遊牧民

◆ live a life as a **nomad**
（遊牧民として生活する）

0340 ✍ ★★★
gregarious
[grɪɡériəs]

形 群生している，群れるのが好きな

◆ **gregarious** plants
（群生植物）

対**solitary**
[sá:ləteri]

形 単独の，孤高の

0341 ✍ ★★
pastoral
[pǽstərəl]

形 ①田舎の ②牧畜の ③牧師の

◇ **Pastoral** landscapes make people calm.
（田舎の風景で人々の心は穏やかになる。）

＊pa（食料）+stor（～する人）+al。pastorは元々の「（家畜に
餌を与える）牧羊者」という意味から転じて「牧師」。

0342 ✍ ★
spacious
[spéɪʃəs]

形 広々とした

◇ This **spacious** desert used to be a grassland.
（この広々とした砂漠はかつて草原であった。）

なんだかんだ言って，今の生活がとても愛おしい（ほんとです）　　79

0343 ☑ ★
fertile
[fə́:rtl]

形 肥えた，富んでいる

◇ Riversides are generally **fertile**.
（川辺は一般的に肥沃である。）

対sterile
[stérəl]

形 ①やせた ②殺菌した

0344 ☑ ★★★
exuberance
[ɪgzú:bərəns]

名 ①豊富 ②活気

◆ an **exuberance** of vegetation
（草木の繁茂）

0345 ☑ ★★
prolific
[prəlífɪk]

形 ①豊作の ②（芸術家や著者で）多産な

◇ Healthy fish have **prolific** egg production.
（健康な魚はたくさんの卵を産む。）

0346 ☑ ★★
tranquil
[trǽŋkwɪl]

形 静かな，平和な

◇ Bears can sometimes be observed near this **tranquil** lakeside.
（この静かな湖畔の近くで，ときどきクマが観察される。）

0347 ☑ ★★
dormant
[dɔ́:rmənt]

形 活動を休止した

◇ The active volcano has been **dormant** for a while.
（その活火山はしばらく活動を停止している。）

＊dorm（眠る）＋ant。dormitory（学生寮）と同語源。

0348 ✓ ★★★
ferocious
[fəróʊʃəs]

形 獰猛な

◆ stay away from the **ferocious** bees
（凶暴な蜂から離れる）

類 fierce
[fɪrs]

形 凶暴な性格の，激しすぎる

0349 ✓ ★★
rustic
[rʌ́stɪk]

形 ①田舎の ②素朴な ③不躾な

◆ live in a **rustic** area
（田舎に暮らす）

0350 ✓ ★★
spur
[spɜːr]

名 拍車をかけるもの，良いきっかけ
動 ①〜に拍車をかける ②〜を促進する

◆ **spur** economic growth
（経済的成長を促す）

0351 ✓ ★★
augment
[ɔːgmént]

動 〜を増やす

◆ **augment** the supply of electricity
（電気の供給量を増やす）

0352 ✓ ★
accumulation
[əkjùːmjəléɪʃn]

名 蓄積

◆ **accumulation** of knowledge
（知識の蓄積）

派 accumulate
[əkjúːmjəleɪt]

動 〜を蓄積する

水族館の年間パスポートを取りたくなる（独身貴族） 81

0353 ✓ ★
condense
[kəndéns]

動 ①〜を凝縮する ②〜を濃縮する

◆ **condense** vapor into water by cooling
（冷やすことで蒸気を水に凝縮する）

派 condensation
[kà:ndenséɪʃn]

名 ①凝縮，凝結 ②簡約

0354 ✓ ★★
converge
[kənvə́:rdʒ]

動 ①集まる，合体する ②（考えや目的が）
収束する

◇ Lakes form where rivers **converge**.
（川が合流するところに湖ができる。）

0355 ✓ ★★
dismantle
[dɪsmǽntl]

動 〜を分解する；（組織など）を解体する

◆ **dismantle** a machine
（機械を分解する）

0356 ✓ ★★
dwindle
[dwíndl]

動 （しだいに）小さくなる，少なくなる

◇ The number of fish has **dwindled** due to marine
pollution.
（海洋汚染によって，魚の数が減少してきた。）

0357 ✓ ★★★
precipitation
[prɪsìpɪtéɪʃn]

名 ①沈殿（物） ②降水（量）

◇ Annual **precipitation** is a good predictor of crop
yields.
（年間降水量は穀物の生産性の良い指標である。）

0358 ☑ ★★
remnant
[rémnənt]

名 残留物

◆ the quantity of **remnant** materials
（残留物質の量）

類 residue
[rézɪduː]

名 残留物

0359 ☑ ★
debris
[dəbríː]

名 破片，屑

◆ identify space **debris**
（宇宙ゴミを特定する）

地球・
環境

0360 ☑ ★
rubble
[rʌ́bl]

名 がれき

◆ dig through piles of **rubble**
（がれきの山を漁る）

人生最大レベルの流れ星を，ひとりで見てしまった（おひとり様）

リスト No.5 ▷ 物理

☑ mass [mæs]	質量
☑ volume [vɑ́:ljəm]	体積
☑ gravitation [grævɪtéɪʃn]	引力
☑ resultant force	合力
☑ buoyancy [bɔ́ɪənsi]	浮力
☑ centrifugal force	遠心力
☑ centripetal force	求心力
☑ action [ǽkʃn]	作用
☑ reaction [riǽkʃn]	反作用
☑ inertia [ɪnə́:rʃə]	慣性
☑ velocity [vəlɑ́:səti]	速度
☑ acceleration [əksèləréɪʃn]	加速度
☑ oscillation [ɑ̀:sɪléɪʃn]	振動
☑ undulation [ʌ̀ndʒəléɪʃn]	波動
☑ longitudinal wave	縦波
☑ transverse wave	横波
☑ elasticity [i:læstísəti]	弾性
☑ surface tension	表面張力
☑ discharge [dístʃɑ:rdʒ]	放電
☑ conduction [kəndʌ́kʃn]	(熱や電気の) 伝導
☑ electrode [ɪléktrəʊd]	電極
☑ voltage [vəʊltɪdʒ]	電圧
☑ optics [ɑ́:ptɪks]	光学
☑ photon [fə́ʊtɑ:n]	光子
☑ refraction [rɪfrǽkʃn]	屈折

リスト No.6 ▷ 化学

☑ dissolution [dìsəlúːʃn]	溶解
☑ solubility [sàːljubíləti]	溶解度
☑ aqueous solution	水溶液
☑ saturation [sætʃəréɪʃn]	飽和
☑ solute [sálúːt]	溶質
☑ solvent [sáːlvənt]	溶媒
☑ sublimation [sʌblɪméɪʃn]	昇華
☑ titration [taɪtréɪʃn]	滴定
☑ neutralization [nùːtrələzéɪʃn]	中和
☑ hydration [haɪdréɪʃn]	水和
☑ equilibrium [ìːkwɪlíbriəm]	平衡
☑ exothermic reaction	放熱反応
☑ endothermic reaction	吸熱反応
☑ reduction [rɪdʌkʃn]	還元
☑ oxidation [àːksɪdéɪʃn]	酸化
☑ ionization [àɪənəzéɪʃn]	電離
☑ dissociation [dɪsəʊsiéɪʃn]	分離
☑ valence electron	価電子
☑ lattice [lætɪs]	格子
☑ desalination [dìːsælɪnéɪʃn]	脱塩
☑ fermentation [fɜːrmentéɪʃn]	発酵
☑ ductile [dʌ́ktaɪl]	延性のある
☑ malleable [mǽliəbl]	展性のある
☑ viscosity [vɪskáːsəti]	粘着性
☑ water-repellent	撥水性の

リスト No.7 ▷ 地学

☑ convection [kənvékʃn]	対流
☑ mantle [mǽntl]	マントル
☑ crust [krʌst]	地殻
☑ fault [fɔːlt]	断層
☑ lava [lάːvə]	溶岩
☑ mineral [mínərəl]	鉱物
☑ ore [ɔːr]	鉱石
☑ geothermal [dʒìːəʊθə́ːrml]	地熱の
☑ uplift [ʌ́plɪft]	隆起
☑ subsidence [səbsáɪdns]	沈降
☑ terrain [təréɪn]	地形
☑ landscape [lǽndskeɪp]	景観
☑ valley [vǽli]	谷
☑ precipice [présəpɪs]	絶壁
☑ plain [pleɪn]	平野
☑ basin [béɪsn]	盆地
☑ trench [trentʃ]	海溝
☑ channel [tʃǽnl]	海峡
☑ meteorological [mìːtiərəlάːdʒɪkl]	気象の
☑ front [frʌnt]	前線
☑ updraft [ʌ́pdræft]	上昇気流
☑ cumulonimbus [kjùːmələʊnímbəs]	積乱雲
☑ westerlies [wéstərli]	偏西風
☑ hail [heɪl]	霰，雹
☑ storm surge	高潮

Episode. 4

出会いの泉

人と社会

「人と社会」セクションには，言語や教育，民族，ジェンダーなど人が社会の中で生活する際に，よく議論されるテーマに関係する単語が載っています。細かなニュアンスを意識し，単語の意味の深い理解を心がけてください。どんな魔法でも唱えられるよう，MP をしっかり上げていきましょう！ ▼

0361 ☑ ★
embrace
[ɪmbréɪs]

動 ① ～を（愛情をこめて）抱擁する ② ～を
快く受け入れる，受容する

◆ **embrace** different values
（異なる価値観を受け入れる）

0362 ☑ ★★
inhibit
[ɪnhíbɪt]

動 ① ～を抑制する ② ～を妨げる

◇ The issue **inhibited** economic growth.
（その問題は経済成長を妨げた。）

0363 ☑ ★★
preclude
[prɪklúːd]

動 ① ～を不可能にする ② ～を防ぐ ③ ～を
除外する

◆ **preclude** sexual violence
（性暴力を防ぐ）

0364 ☑ ★★★
abstinence
[ǽbstɪnəns]

名 禁欲，禁酒，摂生

◆ practice total **abstinence**
（絶対禁酒を実行する）

0365 ☑ ★★
morale
[mərǽl]

名 士気，やる気；自信

◇ The address improved the citizens' **morale**.
（その演説は市民の士気を高めた。）

0366 ☑ ★★
apathy
[ǽpəθi]

图 無関心，無気力

◆ feel **apathy** towards politics
（政治に対して無関心である）

0367 ☑ ★★
disseminate
[dɪsémɪneɪt]

働 ～を広める，普及させる

◆ **disseminate** accurate information
（正確な情報を広める）

人と
社会

0368 ☑ ★★
obsession
[əbséʃn]

图 ①強迫観念 ②妄想

◆ have an **obsession** with time
（時間に対する強迫観念を抱く）

0369 ☑ ★★
alleged
[əlédʒd]

形（根拠もなく）申し立てられた；（噂に基
づいて）そう思われている

◆ arrest the **alleged** murderer
（殺人容疑者を逮捕する）

0370 ☑ ★★
slander
[slǽndər]

働 ～を中傷する
图 誹謗中傷，名誉棄損

◆ **slander** an opponent
（相手を誹謗中傷する）

キムチの消費量が凄まじい（納豆キムチ）　89

0371 ☑★★★
stigma
[stígmə]

名 ①汚名，不名誉 ②傷跡

◇ The scandal became a social **stigma** for the company.
(そのスキャンダルは会社にとって社会的不名誉となった。)

類dishonor
[dɪsá:nər]

名 不名誉

0372 ☑★★★
belittle
[bɪlítl]

動 ①〜を見くびる，過小評価する ②〜を小
さくする

◆ **belittle** the achievements of a rival
(競争相手が達成したことを過小評価する)

0373 ☑★★★
deride
[dɪráɪd]

動 〜を嘲る，ばかにする

◆ **deride** the idea
(考えを嘲る)

0374 ☑★★★
disdain
[dɪsdéɪn]

動 〜を軽蔑する，蔑む

◇ We should not **disdain** a religion.
(宗教を軽蔑するべきではない。)

0375 ☑★
scorn
[skɔːrn]

名 軽蔑，蔑み

◆ become the target of **scorn**
(軽蔑の対象になる)

0376 ★★
aversion
[əvə́ːrʒn]

名 嫌悪，嫌気

◆ have an **aversion** to the current policy
（現在の政策に反感を抱く）

0377 ★★
alienation
[èiliənéiʃn]

名 ①疎外感；嫌悪 ②譲渡

◆ feel social **alienation**
（社会的疎外感を感じる）

＊ali（他の）＋en（〜にする）＋ation。alter（変える，他のも
のにする），alternative（代わりの）と同語源。

人と
社会

0378 ★★★
derogatory
[dɪrɑ́ːɡɔːri]

形 軽蔑的な，非難するような

◆ make **derogatory** statements
（軽蔑的な言明をする）

0379 ★★★
reproach
[rɪpróʊtʃ]

動 〜を責める，非難する
名 批判，非難；追及

◆ **reproach** myself for being careless
（不注意であった自分自身を責める）

類**censure**
[sénʃər]

動 〜を強く非難する，咎める　名 強烈な批判

0380 ★★★
denounce
[dɪnáʊns]

動 〜を（強く）非難する，弾劾する

◆ **denounce** the government's educational policy
（政府の教育政策を非難する）

ラップをきらすと地味に調理が大変（ラッパー）　　91

0381 ☑ ★
repel
[rɪpél]

動 ①～を追い払う ②～に反抗する

◆ **repel** political attacks
（政治的な攻撃に反発する）

0382 ☑ ★★
segregate
[ségrɪgeɪt]

動 ①～を隔離する ②～を（人種，宗教，性別等で）分離する，差別する

◆ **segregate** people according to their religion
（人々を宗教に従って分離する）

派 segregation
[sègrɪgéɪʃn]

名 隔離

0383 ☑ ★★
marginal
[máːrdʒɪnl]

形 ①周辺的な，重要ではない ②余白の，端の

◆ play a **marginal** role
（周辺的な役割を果たす）

0384 ☑ ★
opt
[ɑːpt]

動 ①選ぶ，選択する ②（～ outで）脱退する，身を退く

◆ **opt** out of the organization
（組織から離脱する）

0385 ☑ ★
sacrifice
[sǽkrɪfaɪs]

名 ①生贄 ②犠牲

◆ make a **sacrifice** for the country
（国のために犠牲を払う）

0386 ✓ ★★★
condone
[kəndóʊn]

動 ~を大目に見る，許す

◇ We should not **condone** violence.
（暴力を容認するべきではない。）

*con（完全に）+done（与える）。donate（~を寄付する），
endow（~を与える）と同語源。

0387 ✓ ★★
tacit
[tǽsɪt]

形 暗黙の，言語を介さずに

◆ give a **tacit** approval
（黙認する）

人と
社会

0388 ✓ ★
articulate
[ɑːrtíkjuleɪt]

動 ①~をはっきり発音する ②~を明確に
話す

◆ **articulate** a future vision
（将来のビジョンをはっきり話す）

0389 ✓ ★
verbal
[vɚ́ːrbl]

形 ①口頭の，言葉の ②動詞の

◆ gain **verbal** communication skills
（言語コミュニケーションスキルを身に付ける）

0390 ✓ ★★
syntax
[síntæks]

名 統語論，構文（論）

◆ understand complex **syntax**
（複雑な構文を理解する）

0391 ☑★★
semantics
[sɪmǽntɪks]

名 意味論，（単語やフレーズの）意味

◆ study general **semantics**
（一般意味論を学ぶ）

0392 ☑★★
phonetic
[fənétɪk]

形 音声の，音声学の

◆ the **phonetic** alphabet
（発音記号）

＊「音声学」はphonetics。

0393 ☑★
bibliography
[bìbliá:grəfi]

名 図書目録，参考文献

◆ write a **bibliography** in an academic paper
（学術論文に参考文献を載せる）

0394 ☑★
excerpt
[éksɜːrpt]

名 抜粋，引用

◆ take an **excerpt** from a book
（本から引用する）

0395 ☑★★
conjunction
[kəndʒʌ́ŋkʃn]

名 ①接続詞 ②結合，連結

◆ add a coordinating **conjunction**
（等位接続詞を加える）

＊英語の等位接続詞にはand，but，orなどがある。because，
when，whileなどは従属接続詞（subordinate conjunction）
と呼ばれる。

0396 ☑ ★★
analogous
[ənǽləgəs]

形 類似した，相似の

◆ learn from **analogous** situations
（似たような状況から学ぶ）

0397 ☑ ★★
hindsight
[háɪndsaɪt]

名 後知恵

◆ understand what should have been done in **hindsight**
（後から考えると何をすべきだったかわかる）

人と
社会

0398 ☑ ★★
anecdote
[ǽnɪkdəʊt]

名 ①逸話 ②体験談

◆ tell personal **anecdotes**
（個人の逸話を話す）

0399 ☑ ★
conventional
[kənvénʃənl]

形 ①伝統的な，慣習の ②規範の

◆ rethink **conventional** ways of thinking
（従来の考え方を見直す）

0400 ☑ ★★★
enigma
[ɪnígmə]

名 謎，理解しがたいもの

◆ solve a conventional **enigma**
（古くからの謎を解く）

0401 ☑ ★★
relic
[rélɪk]

名 遺物，遺品

◆ analyze a historical **relic**
（歴史的な遺物を分析する）

好きな人と一緒に帰るとか，青春ですか（アオハル）　95

0402 ☑★
folklore
[fóʊklɔːr]

名 民間伝承

◆ tell a traditional **folklore**
（伝統的な民話を語る）

0403 ☑★★
retrospective
[rètrəspéktɪv]

形 ①回顧的な，回想的な ②（法律等が）遡
及する

◆ make **retrospective** application of the law
（法令の遡及適用を行う）

＊遡及適用とは，新しい法令を施行前の事象にも適用することを
言う。

0404 ☑★★
pedagogy
[pédəgɑːdʒi]

名 教授法，教育学

◆ implement a new **pedagogy**
（新しい教授法を実施する）

0405 ☑★
juvenile
[dʒúːvənl]

形 児童の，未成年の
名 未成年

◆ reduce **juvenile** delinquency
（未成年の非行を減らす）

0406 ☑★★★
demeanor
[dɪmíːnər]

名 立ち振る舞い，態度；表情

◆ present a calm **demeanor**
（冷静な態度を示す）

0407 ★
interact
[ìntərǽkt]

動 ①相互に作用する ②（人と）交流する，交わる

◆ **interact** with each other
（相互に作用する）

0408 ★★
venerable
[vénərəbl]

形 尊敬に値する，尊い

◆ a **venerable** sage
（尊敬に値する賢者）

類 respectable
[rìspéktəbl]

形 尊敬に値する

0409 ★★
prudent
[prú:dnt]

形 ①慎重な，堅実な ②分別のある

◆ make a **prudent** judgment
（慎重な判断を下す）

0410 ★
rational
[rǽʃnəl]

形 ①理性的な ②合理的な

◆ come up with a **rational** method
（合理的な方法を思い付く）

派 rationality
[rὰʃənǽləti]

名 合理性

0411 ★★★
metaphysical
[mètəfízɪkl]

形 ①哲学的な，形而上学の ②抽象的な

◆ answer **metaphysical** questions
（哲学的問いかけに答える）

人と
社会

気合を入れるために髪にワックスをつける（今日だけ）　97

0412 ★★
pragmatic
[prægmǽtik]

形 実用的な

◆ think of **pragmatic** ways to solve problems
（問題を解決するための実用的な方法を考える）

派 pragmatism
[prǽgmətìzəm]

名 実用主義

0413 ★★
secular
[sékjələr]

形 非宗教的な，世俗の

◆ provide **secular** education
（（宗教教育でない）普通教育を実施する）

派 secularism
[sékjələrìzəm]

名 世俗主義

0414 ★
temporal
[témpərəl]

形 ①一時的な，仮の ②時間の

◆ cause **temporal** damage
（一時的なダメージを起こす）

派 temporary
[témpəreri]

形 一時的な

0415 ★
allocate
[ǽləkeit]

動 〜を配分する，割り振る

◆ **allocate** resources among the poor
（貧しい人々に資源を分配する）

0416 ★★★
appropriation
[əprə̀upriéiʃn]

名 ①充当，充当金 ②盗用

◆ be offended by cultural **appropriation**
（文化の盗用によって傷つけられる）

98

0417 ◻︎★
interest
[íntrəst]

名 ①興味 ②利子，金利 ③利害関係

◆ cut **interest** rates
（金利を引き下げる）

0418 ◻︎★★
subsidiary
[səbsídieri]

形 ①補足的な，副の ②子会社の

◆ establish a **subsidiary** company
（子会社を設立する）

＊「親会社」は，parent companyと言う。

派 **subsidy**
[sʌ́bsədi]

名 助成金，補助金

0419 ◻︎★★
auxiliary
[ɔːgzíliəri]

形 ①補助の ②予備の

◆ add an **auxiliary** verb
（助動詞を加える）

0420 ◻︎★★★
patronage
[pǽtrənidʒ]

名 ①後援 ②保護 ③得意客

◆ earn funds under the **patronage** of the government
（政府の後援を受けて資金を手に入れる）

0421 ◻︎★
incentive
[ɪnséntɪv]

名 動機付けになるもの，誘因

◆ give an **incentive** for cost reduction
（経費削減への動機付けをする）

人と
社会

0422 ☑ ★★
loom
[lu:m]

動 ぼんやりと現れる
名 織機，はた

◇ A figure **loomed** out of the dark.
(暗闇から人が現れた。)

＊loom largeで「(危険や問題などが) 立ちはだかる」という意味。

0423 ☑ ★★★
inexorable
[ɪnéksərəbl]

形 ①避けがたい，止められない ②容赦のない

◇ Low birthrate and the aging population are **inexorable** issues.
(少子高齢化は避けられない問題だ。)

0424 ☑ ★★★
setback
[sétbæk]

名 ①妨げ，障害 ②つまずき，挫折

◆ suffer a serious **setback**
(深刻な挫折を味わう)

0425 ☑ ★★★
sedentary
[sédnteri]

形 ①座りがちの，(職業や生活様式が) 座っていることが多い ②(人・動物が) 定住して

◇ People with **sedentary** lifestyles tend to have heart problems.
(普段座っていることが多い生活様式の人は，心臓の疾患にかかりやすい。)

0426 ☑ ★★
retard
[ritá:rd]

動 (発達) を遅らせる，後退させる

◆ **retard** economic growth
（経済発展を遅らせる）

0427 ☑ ★★★
impoverish
[ɪmpá:vərɪʃ]

動 ①〜を貧しくする ②(質) を悪化させる

◇ The catastrophe has **impoverished** many people.
（大災害によって多くの人が貧困に陥った。）

人と
社会

0428 ☑ ★★★
languish
[lǽŋgwɪʃ]

動 ①苦しい生活をする ②元気がなくなる

◆ **languish** in poverty
（貧困で苦しい生活を送る）

0429 ☑ ★★★
senile
[sí:naɪl]

形 (老化により) ぼけた，思い出せない

◆ develop **senile** dementia
（老人性認知症を発症する）

0430 ☑ ★
caregiver
[kérgɪvər]

名 介助者，介護者，世話をする人

◆ reduce the burden of **caregivers**
（介助者の負担を減らす）

対 care receiver

名 要介護者

0431 ☑ ★★
lament
[ləmént]

動 ～を嘆き悲しむ

◆ **lament** the death of a friend
（友の死を嘆く）

0432 ☑ ★★★
emancipate
[ɪmǽnsɪpeɪt]

動 ～を（法的，社会的，政治的制約等から）
解放する

◆ **emancipate** women from social pressure
（女性を社会的抑圧から解放する）

0433 ☑ ★★
contentious
[kənténʃəs]

形 ①争い好きな ②議論を巻き起こす

◆ resolve a **contentious** issue
（物議を醸す問題を解決する）

類 **controversial**
[kàːntrəvə́ːrʃl]

形 議論上の，物議を醸す

0434 ☑ ★★
deliberate
[dɪlíbəreɪt, dɪlíbərət]

動 ～を熟考する，審議する
形 ①故意の ②慎重な

◆ **deliberate** on the issue
（その議題について熟考する）

＊de（強調）+liber（天秤）+ate。「天秤にかける」が原義。

0435 ☑ ★★
verdict
[və́ːrdɪkt]

名 評決，判断

◇ A **verdict** of guilty was given.
（有罪判決が下された。）

102

0436 ★★★
reiterate
[riítəreɪt]

動 ～を繰り返し言う，繰り返し強調する

◇ The candidate **reiterated** the importance of education.
（その候補者は教育の重要性を繰り返し強調した。）

0437 ★★★
cogent
[kóʊdʒənt]

形 説得力のある

◆ give a **cogent** argument
（説得力のある主張をする）

人と
社会

0438 ★
affirmative
[əfɚ́ːrmətɪv]

形 肯定的な

◆ take **affirmative** actions
（肯定的措置を取る）

＊肯定的措置(affirmative action)とは，不公平な待遇を受けて
きた集団に対する，その状況を是正するための措置を指す。

0439 ★
consensus
[kənsénsəs]

名 総意，意見の一致

◆ reach a **consensus** on the issue
（その論点について同意に達する）

0440 ★
compatible
[kəmpǽtəbl]

形 ①両立できる，矛盾しない ②互換性のあ
る ③相性の良い

◇ The new policy is **compatible** with the cultural back-
ground.
（新しい政策は文化的背景と不和を起こさない。）

派 compatibility
[kəmpǽtəbíləti]

名 ①両立，適合力 ②互換性

帰り際，「お疲れ様」といいたがる（天ぷら職人）　103

0441 ☑ ★★★
eclectic
[ıkléktık]

形 折衷の，組み合わせて

◆ take an **eclectic** approach
（折衷的なアプローチを取る）

派**eclecticism**
[ıkléktısızəm]

名 折衷主義

0442 ☑ ★
aesthetic
[esθétık]

形 ①美の，審美眼のある ②デザインに凝った

◆ develop skills through **aesthetic** education
（美的教育を通して能力を養う）

0443 ☑ ★★★
refurbish
[rìːfɜ́ːrbıʃ]

動 ～を磨き直す，新しくする

◆ **refurbish** historical architecture
（歴史的建造物を改築する）

0444 ☑ ★★
euphoria
[juːfɔ́ːriə]

名（短い期間の）幸福感，高揚感

◆ feel **euphoria** for no reason
（理由もなく高揚感を感じる）

*eu（良い）+pho(n)（音）+ria。phonetics（音声学）と同語源。

0445 ☑ ★★★
propensity
[prəpénsəti]

名（行動の）傾向，性質

◆ have a **propensity** for anxiety
（心配性の傾向がある）

0446 ☑ ★★★
aptitude
[ǽptɪtuːd]

图 ①才能, 素質 ②適正

◆ have an **aptitude** for business
(商売の才がある)

0447 ☑ ★★
devout
[dɪváʊt]

形 敬虔な, 信心深い

◆ a **devout** Catholic
(敬虔なカトリック教徒)

0448 ☑ ★★
docile
[dáːsl]

形 従順な, 統制しやすい

◆ have a **docile** personality
(従順な性格をしている)

0449 ☑ ★★★
amenable
[əmíːnəbl]

形 従順な, 素直な

◆ a culture **amenable** to change
(変化を受け入れやすい文化)

0450 ☑ ★★★
affable
[ǽfəbl]

形 親しみやすい, 愛想のよい

◆ make an **affable** face
(優しい顔をする)

0451 ☑ ★★
amiable
[éɪmiəbl]

形 親切な, 愛想のよい

◆ have an **amiable** disposition
(愛想のよい性格をしている)

0452 ☑ ★★
benevolent
[bənévələnt]

形 親切な，善意の

◆ support a **benevolent** association
(慈善協会を支援する)

対 malevolent
[məlévələnt]

形 悪意のこもった

類 humane
[hju:méɪn]

形 人道的な，優しい

0453 ☑ ★★★
hypocrisy
[hɪpá:krəsi]

名 偽善

◆ get angered by blatant **hypocrisy**
(露骨な偽善に対して腹を立てる)

0454 ☑ ★★
culprit
[kʌ́lprɪt]

名 容疑者；犯罪者

◆ find the real **culprit**
(真犯人を見つけ出す)

0455 ☑ ★★★
relentless
[rɪléntləs]

形 ①冷酷な，容赦ない ②執拗な

◆ make a **relentless** pursuit
(執拗な追求をする)

0456 ☑ ★
brutal
[brú:tl]

形 ①残忍な，暴力的な ②素直すぎる

◆ criticize **brutal** behavior
(残忍な態度を批判する)

0457 ☑ ★★
sinister
[sínɪstər]

形 ①不吉な ②邪悪な，危険に見える

◆ think of a **sinister** strategy
（邪悪な策略を思い付く）

0458 ☑ ★★★
heinous
[héɪnəs]

形 (道徳的に) 凶悪な，悪質な

◆ stop **heinous** crimes
（凶悪犯罪を止める）

人と
社会

0459 ☑ ★★★
insolent
[ínsələnt]

形 横柄な，無礼な

◆ change **insolent** behavior
（横柄な振る舞いを改める）

0460 ☑ ★★
coerce
[kəʊə́ːrs]

動 (人) に (脅すことで) 強要する

◆ **coerce** children into labor
（子どもたちに労働を強要する）

0461 ☑ ★★★
confiscate
[káːnfɪskeɪt]

動 〜を没収する，押収する，取り上げる

◆ **confiscate** their cellphones as a penalty
（罰として彼らの携帯を取り上げる）

0462 ☑ ★
cynical
[sínɪkl]

形 皮肉った，懐疑的な

◆ look from a **cynical** view
（ひねくれた見方から捉える）

実家暮らしは一人暮らしに，一人暮らしは実家暮らしに憧れる（とことこ） 107

0463 ☑ ★
skeptic
[sképtɪk]

名 ①懐疑論者，疑い深い人 ②無神論者

◆ **skeptics** of global warming
（地球温暖化に対する懐疑論者）

派**skeptical**
[sképtɪkl]

形 疑っている，懐疑的な

0464 ☑ ★★★
equivocal
[ɪkwívəkl]

形 曖昧な，複数の解釈ができる

◆ get an **equivocal** answer
（はっきりしない回答を得る）

*equi（同じ）+voc（声）+al。equal（平等な）と同語源。

0465 ☑ ★★
superstition
[sùːpərstíʃn]

名 迷信

◆ believe in **superstitions**
（迷信を信じる）

0466 ☑ ★★★
vindicate
[víndɪkeɪt]

動 ①～の正当性を示す ②～の疑いを晴らす
③（権利など）を守る

◆ **vindicate** students' rights
（学生の権利を守る）

0467 ☑ ★
superficial
[sùːpərfíʃl]

形 ①うわべの，表面上の ②本物にそっく
りの

◇ You can't make decisions based on **superficial** knowledge.
（表面上の知識では決断を下せない。）

0468 ☑★★★
ostensible
[ɑ:sténsəbl]

形 うわべだけの，表向きの

◆ come up with an **ostensible** purpose
（建前上の目的を思いつく）

0469 ☑★★
rebut
[rɪbʌ́t]

動 〜に反駁する，反論する

◆ **rebut** the claim with concrete reasoning
（具体的な根拠で主張に反論する）

派**rebuttal**
[rɪbʌ́tl]

名 反駁，反論

0470 ☑★★
refute
[rɪfjúːt]

動 〜に反駁する，異議を唱える

◆ **refute** the opponent's statement
（相手の論証に反駁する）

派**refutation**
[rèfjutéɪʃn]

名 反証，反論

0471 ☑★★★
redress
[rɪdrés]

動 〜を矯正する，是正する

◆ **redress** the disparity
（不均衡を正す）

0472 ☑★★★
ameliorate
[əmíːliəreɪt]

動 〜を改善する，改良する

◆ **ameliorate** the current situation
（現状を改善する）

類**amend**
[əménd]

動 （法律や書類など）を修正する，（間違い）を改める

人と
社会

栄養学的知見を持たずに自炊し，貧血になる（血が欲しい）　109

0473 ☑ ★
revise
[rɪváɪz]

動 ①〜を訂正する ②〜を改訂する

◆ **revise** one's opinion on a subject
（ある主題についての意見を改める）

＊re（再び）＋vise（見る）。vision（視覚）と同語源。

派 revision
[rɪvíʒn]

名 ①改訂 ②訂正，変更 ③復習

0474 ☑ ★
disclose
[dɪsklóʊz]

動 〜を開示する；暴露する

◆ **disclose** information to third parties
（第三者に情報開示する）

派 disclosure
[dɪsklóʊʒer]

名 ①情報開示，公開 ②暴露

語源から単語の意味を理解する

　単語の意味を覚えにくいと感じた場合，語源が助けになるかもしれません。これは日本語の漢字の部首と似ています。例えば，「鰆」や「鮗」が読めなくてもそれぞれが「魚」であることはわかります（「さわら」，「このしろ」とそれぞれ読みます）。同様に英単語も「分解」でき，そのパーツの意味を知っていると英単語の意味を理解しやすくなり，記憶に残りやすくなります。

　inspection（調査）という単語を例に取りましょう。この単語は in＋spect＋(t)ion に分解できます。in は「中に」，spect は「見る」，tion は「こと」です。このように考えると，inspection というのは「中を見ること」であり，それに適切な日本語を当てはめると「調査」となる，ということがわかると思います。また，retrospect（回顧する）は retro（昔）＋spect（見る）ですので，語源からその意味がよく理解できると思います。なお，in や tion などのように単語の前後につくものを接辞（affix）と呼び，spect のように単語の核になるものは「語根」(root) などと呼ばれます。

　このような知識は，単語のニュアンスを学ぶ場合にも有益です。spectator と audience の違いを考えてみましょう。どちらも「観客」として覚えている人も多いと思いますが，spect が「見る」，audi が「聴く」だと分かれば，サッカー会場にいるのは spectator（観衆），コンサート会場にいるのは audience（聴衆）だとわかるでしょう。

　覚えるべき語源の数はそれほど多くありません。100 個知っていれば，だいぶ見え方が変わってきますので，本書の注釈に出てきたものはぜひ覚えてください。

（内田 諭［教員］）

映画で学ぶ英語

　単語を知っていても，どういうときに使ったらいいかわからなくて，結局必要な時に出てこない，ということはよくあります。映画だと，シチュエーションと一緒に表現を学べますから，英語の勉強に最適です。実際，留学生に「どうやって英語を勉強したの？」と聞くと，かなりの割合で，「テレビや映画」という答えが返ってきます。ここでは，映画を見るときのコツをご紹介します。

　（1）　日本語字幕を読む
　（2）　英語でこういうのかな…と予想する
　（3）　英語で何と言っているか聞き取る

　（1）と（2）はほぼ同時に行わないと，話がどんどん進んでしまいます。素早く日本語を読んで，セリフを予想しましょう。

　同じ映画を何回も見ることで，聞き取れる量が増えていきます。**いいな，と思った表現はお気に入りノートにメモ**しましょう。留学中だったら，「今日はこれを使ってみよう」と決めて，意識的に使ってみて下さい。そのうちに，自然と口をついて出るようになるでしょう。映画は，サスペンス・アクションより，キャンパスものやラブコメがおすすめです。同年代の登場人物の映画を選びましょう。**映画でシャドウイング**もできます。俳優さんを真似して一緒に発音すると，自然な発音やアクセントも学べます。そもそも全然聞き取れない！という時は，有名な脚本サイト（https://www.imsdb.com/）もあります。**英語の聞き取りは，音声のパターン認識**です。たくさん英語を聞いて，この単語・フレーズはこう聞こえる，というパターンを脳内に貯めていきましょう！

（稲垣紫緒［教員］）

Episode. 5

飛び立ち

人間・生命

「人間・生命」セクションには，人間や生物に関わる器官や組織，現象などを説明するために必要な単語が載っています。日常生活で当たり前のように使う単語もあれば，病気の名前など，専門的な単語も含まれています。このセクションをクリアすれば，どんな学術英語が相手でも，困ることはありません！

▼

0475 ☑ ★★
mutation
[mju:téiʃn]

名 ①突然変異 ②変化，変形

◇ **Mutation** is one of the major factors in the evolution
of a species.
（突然変異は種の進化において重要な要素の1つである。）

＊「突然変異体」はmutantと言う。

0476 ☑ ★★
hereditary
[hərédɪteri]

形 ①遺伝の，遺伝的な ②先祖代々の

◆ have a **hereditary** disease
（遺伝子疾患を持っている）

対acquired
[əkwáɪərd]

形 ①後天的な ②得た，獲得した

0477 ☑ ★★
exponential
[èkspənénʃl]

形 ①指数関数的な ②急激な

◆ an **exponential** population growth
（人口の急増）

0478 ☑ ★★
proliferate
[prəlífəreɪt]

動 急増する

◇ Drug-resistant bacteria **proliferate** because of the
excessive use of antibiotic drugs.
（抗生物質の過剰な使用で薬剤耐性菌は急増する。）

類multiply
[mʌ́ltɪplaɪ]

動 ①（数と数）を掛ける ②〜を急増させる

0479 ☑ ★★★
plethora
[pléθərə]

名 ①過多，過剰 ②多血症

◆ a **plethora** of data on the harmful effects of smoking
（喫煙の有害性に関する大量のデータ）

114

0480 ☑ ★
reproduce
[ri:prədú:s]

動 ① ～を複製する ②～を再生する ③～を繁殖させる

◆ succeed in **reproducing** the results of an experiment
（実験の結果の再現に成功する）

0481 ☑ ★★
replicate
[réplɪkeɪt]

動 ① ～を複製する ②～を反復する

◇ The younger you are, more rapidly your cells **replicate**.
（若いときの方がよりはやく細胞が再生する。）

＊re（再び）＋plic（～を重ねる）＋ate。mulitiple（複数の），triple（三倍の）と同語源。

0482 ☑ ★★
fetus
[fí:təs]

名 胎児

◇ Drinking alcohol during pregnancy has a high risk of affecting the developing **fetus**.
（妊娠中の飲酒は発育中の胎児に影響を及ぼす危険性が高い。）

0483 ☑ ★★
embryo
[émbriəʊ]

名 胚，胎芽

◇ The **embryo** becomes a fetus at approximately 8 weeks.
（胎芽は約8週で胎児になる。）

＊人間の場合，妊娠8週未満の生体をembryo（胎芽），それ以降をfetus（胎児）と言う。

人間・
生命

大学の近くに住んでいる人の家に集まる（りり）　115

0484 ☑ ★
digit
[dídʒɪt]

名 ①指 ②一桁の数字

◇ **Digits** appear on fetus hands around 10 weeks.
（約10週で胎児の手に指が現れ始める。）

派digital
[dídʒɪtl]

形 デジタルの

0485 ☑ ★★★
vestigial
[vestídʒiəl]

形 痕跡のある，痕跡の

◇ **Vestigial** organs are significant to the evolution theory.
（痕跡器官は進化論にとって重要である。）

＊痕跡器官とは，現在では退化して使われなくなった器官のことで，例えば，虫垂や尾骨などがある。

派vestige
[véstɪdʒ]

名 痕跡，形跡

0486 ☑ ★★
foliage
[fóʊliidʒ]

名（木全体の）葉

◇ Maple trees change the color of their **foliage** from green to red in autumn.
（カエデは秋になると，葉の色を緑から赤に変える。）

0487 ☑ ★★
photosynthesis
[fòʊtəʊsínθəsɪs]

名 光合成

◇ Plants turn carbon dioxide and water into energy such as starch via **photosynthesis**.
（植物は光合成によって二酸化炭素と水をデンプンなどの養分に変える。）

＊photo（光）＋synthesis（合成）。photograph（写真）は「光を書いたもの」が語源。

116

0488 ☑ ★★
lineage
[líniidʒ]

名 系統，血筋

◆ analyze a **lineage** tree
(系統樹を分析する)

0489 ☑ ★★
innate
[inéit]

形 生来の，先天的な

◇ The ability to sympathize is likely **innate** to humans.
(共感する能力はおそらく人間に生来のものである。)

＊in（中に）＋nate（生まれる）。native（生まれつきの）と同語源。

派 **innately**
[inéitli]

副 先天的に

人間・
生命

0490 ☑ ★★
intrinsic
[intrínzik]

形 ①元から備わっている ②固有の

◆ be driven by **intrinsic** motivation
(内的な動機に動かされる)

0491 ☑ ★
artificial
[ὰːrtifíʃl]

形 人工的な；作り物の

◆ improve the usability of **artificial** hands
(義手の操作性を向上する)

0492 ☑ ★
embed
[imbéd]

動 ～を堅くはめ込む，埋め込む

◆ **embed** a pacemaker into the body
(ペースメーカーを体内に埋める)

0493 ✍ ★
extract
[ɪkstrǽkt]

動 ①～を抽出する ②～を抜粋する

◆ **extract** DNA from samples
（サンプルからDNAを抽出する）

*ex（外に）+tract（引き出す）。attract（～を惹く）と同語源。

0494 ✍ ★★
erratic
[ɪrǽtɪk]

形 ①不規則な，突然変わる ②尋常でない

◆ show **erratic** behavior
（突飛な行動を示す）

0495 ✍ ★
drastic
[drǽstɪk]

形 ①劇的な；思い切った ②猛烈な，激しすぎる

◆ take **drastic** measures to save a patient's life
（患者の命を救うために思い切った手段をとる）

0496 ✍ ★
static
[stǽtɪk]

形 静的な；動かない
名 ①電波障害 ②静電気

◆ cause **static** electricity
（静電気を引き起こす）

0497 ✍ ★
molecule
[má:lɪkjuːl]

名 分子

◇ A **molecule** of carbon dioxide is composed of one atom of carbon and two atoms of oxygen.
（二酸化炭素分子は1つの炭素原子と2つの酸素原子からなる。）

118

0498 ★
cohesion
[kəʊhíːʒn]

名 ①粘着性 ②結束，結合

◆ test the **cohesion** between particles
（粒子間の結合度を調べる）

類 bond
[bɑːnd]

名 結束，絆

＊covalent bond（共有結合）やhydrogen bond（水素結合）
などの専門用語でも使われる。

0499 ★
fusion
[fjúːʒn]

名 融解，融合

◆ promote cell **fusion**
（細胞融合を促進する）

0500 ★★
segmentation
[sègmentéɪʃn]

名 分裂，分割

◆ analyze the DNA **segmentation**
（DNA断片を解析する）

0501 ★★
rupture
[rʌ́ptʃər]

名 破裂；断裂

◆ discover a **rupture** in the blood vessel
（血管の破裂を発見する）

0502 ★★★
conformity
[kənfɔ́ːrməti]

名 ①適合，一致 ②従うこと

◆ undertake **conformity** assessment of medical devices
（医療機器の適合度評価を受ける）

派 conform
[kənfɔ́ːrm]

動 （社会や大衆に）同調する，（ルールや規範に）
従う

人間・
生命

キャベツ1玉しっかり使い切りたい（ぴょ）　119

0503 ✓ ★★★
congenial
[kəndʒíːniəl]

形 ①性格の似た，馬が合う ②（環境や場所が）適した

◆ provide a **congenial** environment for human beings
（人間にとって快適な環境を提供する）

＊con（同じ）＋gen（生まれる）＋ial。generate（〜を産む）と同語源。

0504 ✓ ★★
homogeneous
[hòʊmədʒíːniəs]

形 同種の，同質の，一様の

◇ Mutation suddenly occurs in **homogeneous** groups.
（突然変異は同種のグループ内で突然起こる。）

対 heterogeneous
[hètərədʒíːniəs]

形 異種の，異質の

＊homo（同じ）＋gene（種類）＋ous, hetero（異なる）＋gene（種類）＋ous。

0505 ✓ ★★
dysfunction
[dɪsfʌ́ŋkʃn]

名 ①（身体に関する）機能障害 ②（人間関係における）わだかまり

◆ give treatment for liver **dysfunction**
（肝機能障害の治療を施す）

0506 ✓ ★★
ailment
[éɪlmənt]

名 （程度の軽い）疾患

◆ treat childhood **ailments**
（幼児期の疾患を治療する）

0507 ☑ ★★★
virulent
[vírələnt]

形 ①感染力の高い ②症状がひどい，毒性の
高い ③悪意のある

◇ **Virulent** diseases can spread quickly.
（感染力の高い病気はすぐに拡がりうる。）

0508 ☑ ★★
contagious
[kəntéɪdʒəs]

形 伝染性の

◆ suppress the spread of a **contagious** disease
（伝染病の拡がりを抑える）

0509 ☑ ★
chronic
[krάːnɪk]

形 慢性の，継続的な

◇ Asthma is a **chronic** lung disease.
（喘息は慢性的な肺の病気である。）

対acute
[əkjúːt]

形 ①急性の ②とても深刻な

0510 ☑ ★★
intractable
[ɪntrǽktəbl]

形 ①治りにくい ②扱いづらい

◆ suffer from **intractable** abdominal pain
（治りにくい腹痛を患う）

対tractable
[trǽktəbl]

形 扱いやすい

0511 ☑ ★★
benign
[bɪnáɪn]

形 ①良性の，害のない ②慈悲深い，温和な

◇ **Benign** tumors generally grow slower than malignant
tumors.
（一般的に良性の腫瘍は悪性の腫瘍よりゆっくり成長する。）

人間・
生命

0512 ☑ ★★
antibody
[ǽntibɑːdi]

名 抗体

◆ get a shot of the **antibody**
（抗体を注射する）

0513 ☑ ★★
antidote
[ǽntidəʊt]

名 ①解毒剤 ②(ある問題への) 対抗策

◆ use an **antidote** to get rid of the poison
（毒を取り除くために解毒剤を使う）

0514 ☑ ★★★
pathogen
[pǽθədʒən]

名 病原体

◇ Most **pathogens** spread through multiple infection routes.
（多くの病原体は複数の感染経路で拡がる。）

0515 ☑ ★★★
sterilize
[stérəlaɪz]

動 ①〜を殺菌する ②〜を不妊にする

◆ **sterilize** all of the necessary equipment before surgery
（手術の前にすべての器具を消毒する）

0516 ☑ ★★★
smallpox
[smɔ́ːlpɑːks]

名 天然痘

◇ WHO declared the eradication of **smallpox** in 1980.
（WHOは1980年に天然痘の根絶を宣言した。）

関chicken pox

名 水疱瘡

0517 ☑ ★
inject
[ɪndʒékt]

動 ①～を注射する ②～を取り入れる

◆ **inject** insulin into the patient
（インスリンを患者に注射する）

0518 ☑ ★★
narcotic
[nɑːkάːtɪk]

名 ①麻薬 ②麻酔薬

◇ Marijuana is a **narcotic** drug.
（大麻は麻薬の一種である。）

類 anesthesia
[æ̀nəsθíːʒə]

名 ①麻酔 ②麻痺状態

0519 ☑ ★★★
deleterious
[dèlətíriəs]

形 有害な，有毒な

◇ Excessive alcohol consumption can have **deleterious**
effects on your health.
（過剰なアルコール摂取は健康に有害な影響を与える可能性
がある。）

人間・
生命

0520 ☑ ★★
opium
[óʊpiəm]

名 アヘン

◇ **Opium** is made from poppies.
（アヘンはケシから作られる。）

0521 ☑ ★
addict
[ǽdɪkt]

名 依存者，中毒者

◆ arrest a drug **addict**
（薬物中毒者を逮捕する）

0522 ☑ ★★
hallucination
[həlùːsɪnéɪʃn]

图 ①幻覚症状，幻聴，幻影 ②(幻覚による)妄想，迷想

◇ **Hallucinations** can happen under the influence of drugs.
(幻覚症状は薬の影響で起きることがある。)

派 **hallucinatory**
[həlúːsənətɔːri]

形 ①(薬物などが)幻覚を起こす，幻覚作用のある ②幻覚の(ような)

0523 ☑ ★★
nausea
[nɔ́ːziə]

图 吐き気，嫌悪

◇ Pregnant women sometimes suffer from **nausea**.
(妊婦は時々吐き気に悩まされる。)

0524 ☑ ★★
psychiatric
[sàɪkiǽtrɪk]

形 精神障害の，精神医学の

◇ Mental illnesses often require **psychiatric** care.
(心の病の中にはしばしば精神医学的なケアが必要なものがある。)

0525 ☑ ★★★
bipolar
[bàɪpóʊlər]

形 二極の，両極の

◆ treat **bipolar** disorder
(双極性障害を治療する)

0526 ☑ ★★★
phobia
[fóʊbiə]

图 恐怖症

◆ have a **phobia** of heights
(高所恐怖症である)

0527 ★★★
epilepsy
[épɪlepsi]

名 てんかん

◇ **Epilepsy** is a disease of the central nervous system.
（てんかんは中枢神経系の病気である。）

0528 ★★★
paranoia
[pæ̀rənɔ́ɪə]

名 偏執病，被害妄想

◇ **Paranoia** is mainly caused by the overdose of drugs and extreme stress.
（偏執病は主に薬の過剰摂取や過度なストレスによって引き起こされる。）

0529 ★★★
delirium
[dɪlíriəm]

名 ①精神錯乱，譫妄（せんもう）②極度の興奮状態

◇ Some kinds of drugs can cause **delirium**.
（ある種の薬は譫妄を引き起こすことがある。）

＊譫妄とは，意識が混濁し，錯覚・妄想・麻痺などを起こす意識障害のこと。

派 delirious
[dɪlíriəs]

形 意識が朦朧とした；興奮した

0530 ★★★
infirm
[ɪnfɔ́:rm]

形 ①老衰の，老弱した ②病弱の

◆ provide care for **infirm** people
（病弱な人たちの世話をする）

0531 ★
impair
[ɪmpér]

動 ～を損なう，～を害する

◆ **impair** a right ankle ligament
（右足首靱帯を損傷する）

人間・生命

0532 ☑ ★★
undermine
[ʌndərmáin]

動 ～を徐々に弱らせる，むしばむ；傷つける

◆ **undermine** the credibility of the system
（システムの信頼性を下げる）

0533 ☑ ★★
exacerbate
[ɪgzǽsərbeɪt]

動 （病気や状況）を悪化させる

◇ Malnutrition can **exacerbate** the impact of mental illness.
（栄養失調は精神障害の症状を悪化させる可能性がある。）

類 **aggravate**
[ǽgrəveɪt]

動 （病気や体調の悪さ）を悪化させる

0534 ☑ ★★
alleviate
[əlí:vieɪt]

動 （痛み・苦痛）を軽くする，緩和する

◆ **alleviate** stress
（ストレスを軽減する）

＊al（～の方へ）+lev（～を軽くする）+iate。elevate（～を高める，上げる）と同語源。

0535 ☑ ★★
mitigate
[mítɪgeɪt]

動 ～を和らげる，静める

◇ This drug will **mitigate** the pain.
（この薬で痛みが和らぐだろう。）

0536 ☑ ★
pharmaceutical
[fɑ̀ːrməsúːtɪkl]

形 調剤の；製薬の

◆ take a **pharmaceutical** drug
（薬を服用する）

0537 ☑ ★★★
guinea pig

名 実験台，モルモット

◆ use **guinea pigs** for a scientific experiment
（モルモットを科学実験に使用する）

0538 ☑ ★
specimen
[spésɪmən]

名 ①見本 ②標本 ③試料

◆ draw blood to provide as a **specimen**
（試料として提供するために採血する）

0539 ☑ ★★
placebo
[pləsí:bəʊ]

名 偽薬，気休め（のもの）

◇The **placebo** effect is the positive effect on a person's
health after taking medicine that has no effect on
their body.
（プラシーボ効果は効き目がない薬を飲んだ後に起こる健康
状態へのよい影響のことである。）

人間・
生命

0540 ☑ ★
remedy
[rémədi]

名 治療法；(問題の) 打開策

◆ effective **remedy** for cancer
（がんの効果的な治療法）

0541 ☑ ★
prescribe
[prɪskráɪb]

動 ①〜を処方する ②〜を規定する

◇ The doctor is licensed to **prescribe** drugs to patients.
（医者は患者に薬を処方する資格がある。）

派 prescription
[prɪskrípʃn]

名 ①処方箋，処方 ②規定

0542 ☑ ★
threshold
[θréʃhəʊld]

名 ①閾値 ②敷居 ③発端

◆ exceed the **threshold**
（閾値を超える）

＊閾値とはある反応が起こる最小値や境目となる値などを指す。

0543 ☑ ★★
incidence
[ínsɪdəns]

名 ①発生率 ②入射角

◇ Smoking strongly linked to high **incidence** of lung cancer.
（喫煙は肺がんの高い発生率と関連がある。）

0544 ☑ ★★
resonance
[rézənəns]

名 ①反響 ②余韻 ③共振

◆ measure a **resonance** frequency
（共振周波数を測定する）

0545 ☑ ★
undo
[ʌndúː]

動 ①～をもとに戻す ②～を失敗させる

◆ **undo** a complicated knot
（複雑な結び目をほどく）

0546 ☑ ★
refine
[rɪfáɪn]

動 ～を精製する，精練する；（アイデアなど）
を洗練する

◆ **refine** crude oil
（原油を精製する）

128

0547 ☑ ★★★
shrewd
[ʃruːd]

形 ①賢い，鋭敏な ②抜け目のない

◆ make a **shrewd** calculation
（抜け目のない計算をする）

0548 ☑ ★★
salient
[séiliənt]

形 ①顕著な，目立った ②もっとも重要な

◇ There are no **salient** scars on his face.
（彼の顔には目立った傷跡はない。）

0549 ☑ ★★★
lucid
[lúːsɪd]

形 ①明確な；易しい ②意識が明確になって

◆ have **lucid** dreams
（明晰夢を見る）

＊明晰夢とは夢であると自覚しながら見る夢のこと。

人間・
生命

0550 ☑ ★★★
ephemeral
[ɪfémərəl]

形 儚い；短命の

◇ Cherry blossoms are **ephemeral**.
（桜は儚い。）

0551 ☑ ★★
collateral
[kəlǽtərəl]

形 ①副次的な ②〜に加わった
名 担保

◆ have **collateral** impact
（副次的な影響を持つ）

0552 ☑ ★★
lateral
[lǽtərəl]

形 横への，側面の

◆ see from a **lateral** view
（側面から見る）

0553 ☑ ★
peripheral
[pərífərəl]

形 ①周囲の，周辺の ②末梢の

◇ The patient's **peripheral** nerves were inflamed.
（その患者の末梢神経に炎症が見られた。）

0554 ☑ ★★★
amorphous
[əmɔ́:rfəs]

形 ①決まった形のない ②非晶質の

◇ **Amorphous** material, such as glass, does not have a periodic crystal structure.
（ガラスのような非晶質の物質は，周期的な結晶構造を持たない。）

0555 ☑ ★
tentative
[téntətɪv]

形 暫定的な，仮の

◆ yield **tentative** results
（暫定的な結果を生む）

0556 ☑ ★★
smother
[smʌ́ðər]

動 ①～を窒息死させる ②（火など）を消す

◆ **smother** a fire with sand
（砂で火を消す）

＊何かを上から押さえつけるイメージ。

類 suffocate
[sʌ́fəkeɪt]

動 ①～を窒息させる ②窒息する，息が詰まる

0557 ★★
autopsy
[ɔ́:tɑːpsi]

名 検死

◇ An **autopsy** is a surgical procedure to determine a cause of death.
（検死は死因を特定するための外科的処置である。）

0558 ★
inspect
[ɪnspékt]

動 ～を検査する，視察する

◇ You should **inspect** the data carefully before you write up your results.
（結果を書き上げる前にデータを注意深く検査するべきである。）

＊in（中を）+spect（見る）。retrospect（～を回顧する）と同語源。

0559 ★★
scrutinize
[skrúːtənaɪz]

動 ～を精査する，詳しく調べる

◆ **scrutinize** brain waves carefully
（脳波を詳しく調べる）

0560 ★★
pupil
[pjúːpl]

名 瞳孔，ひとみ

◇ **Pupils** dilate when they are in low light.
（光が少ない状態では瞳孔が拡大する。）

0561 ★★
optical
[áːptɪkl]

形 ①視覚の ②光学の

◆ study the cause of **optical** illusions
（錯視の原因を研究する）

人間・生命

0562 ☑ ★
cognitive
[kάːɡnətɪv]

形 認知の

◆ decline of **cognitive** function
(認知機能の低下)

0563 ☑ ★★
saliva
[səláɪvə]

名 唾液

◇ The test requires the **saliva** of the patient.
(その検査では患者の唾液が必要になる。)

0564 ☑ ★★★
gastric
[ɡǽstrɪk]

形 胃の

◆ treat **gastric** ulcers
(胃潰瘍を治療する)

関 intestinal
[ɪntéstɪnl]

形 腸の

0565 ☑ ★
appendix
[əpéndɪks]

名 ①付加物；付録 ②盲腸，虫垂

◆ have one's **appendix** taken out
(盲腸をとってもらう)

派 appendicitis
[əpèndəsáɪtɪs]

名 盲腸炎，虫垂炎

0566 ☑ ★
urine
[jʊ́rɪn]

名 尿

◇ **Urine** is a liquid waste expelled from the body.
(尿は人体から排出される液体状の排泄物である。)

派 urea
[jʊríːə]

名 尿素

0567 ★★
gland
[glænd]

名 腺

◇Lymph **glands** can be swollen in response to an infection.
（リンパ腺は感染によって腫れることがある。）

0568 ★★
spine
[spaɪn]

名 ①脊椎 ②針，とげ

◇A chill ran down my **spine**.
（背筋がぞっとした。）

類**backbone**
[bǽkbəʊn]

名 ①背骨 ②（組織などの）中枢

0569 ★★
catalyst
[kǽtəlɪst]

名 ①触媒 ②変革者

人間・
生命

◇**Catalysts** accelerate the progress of a chemical reaction.
（触媒は化学反応の進行を促進する。）

0570 ★★
enzyme
[énzaɪm]

名 酵素

◇Pepsin is one of the well known **enzymes**.
（ペプシンはよく知られている酵素の1つである。）

0571 ★★
membrane
[mémbreɪn]

名 膜

◆functions of the cell **membrane**
（細胞膜の機能）

0572 ☑ ★★★
hydrophilic
[hàɪdrəfílɪk]

形 親水性の

◇ **Hydrophilic** molecules readily dissolve in water.
（親水性の分子は水に溶けやすい。）

＊hydro（水）+phil（好む）+ic。

関hydrophobic
[hàɪdrəfóʊbɪk]

形 ①疎水性の ②恐水病の，狂犬病の

0573 ★★★
osmotic
[ɑːzmáːtɪk]

形 浸透性の

◆ measure **osmotic** pressure
（浸透圧を測定する）

0574 ☑ ★★
immerse
[ɪmɜ́ːrs]

動 ～を浸す，漬ける

◆ **immerse** the plants cells into the reagent
（植物の細胞を試薬に浸す）

0575 ☑ ★
penetrate
[pénətreɪt]

動 ～を貫く，貫通する；(組織や市場など)に入り込む

◇ The neutron beam **penetrates** the human body.
（中性子線は人体を透過する。）

0576 ☑ ★★
assimilate
[əsíməleɪt]

動 ①～を吸収する；(完全に)理解する
②～を同化する

◆ **assimilate** carbon dioxide
（二酸化炭素を吸収する）

134

Lv.59

0577 ☑★★
inhale
[ɪnhéɪl]

動（空気や気体）を吸い込む

◇ Humans beings acquire oxygen by **inhaling** air.
（人間は空気を吸い込むことで酸素を得ることができる。）

対**exhale**
[ekshéɪl]

動 息を吐く

0578 ☑★★
respiration
[rèspəréɪʃn]

名 呼吸

◆ observe a patient's **respiration**
（患者の呼吸を観察する）

0579 ☑★★
perspiration
[pɜ̀:rspəréɪʃn]

名 発汗（作用），汗

人間・
生命

◇ **Perspiration** cools down the body.
（発汗作用は体の熱を冷ます。）

課題片手にモンスター（るう）　135

リスト No.8 ▷ 身体用語

☑ frontal lobe	前頭葉
☑ cerebrum [səríːbrəm]	大脳
☑ hypothalamus [hàɪpəθǽləməs]	視床下部
☑ brainstem [bréɪnstem]	脳幹
☑ midbrain [mídbreɪn]	中脳
☑ medulla oblongata	延髄
☑ spinal code	脊髄
☑ hippocampus [hipəkǽmpəs]	海馬
☑ tympanum [tímpənəm]	鼓膜
☑ carotid artery	頸動脈
☑ aorta [eɪɔ́ːrtə]	大動脈
☑ clavicle [klǽvɪkl]	鎖骨
☑ scapula [skǽpjələ]	肩甲骨
☑ rib [ríb]	肋骨
☑ greater pectoral muscle	大胸筋
☑ oesophagus [isɑ́ːfəgəs]	食道
☑ thyroid gland	甲状腺
☑ adrenal gland	副腎
☑ spleen [spliːn]	脾臓
☑ pancreas [pǽŋkriəs]	膵臓
☑ bladder [blǽdər]	膀胱
☑ anus [éɪnəs]	肛門
☑ calf [kǽf]	ふくらはぎ
☑ tendon [téndən]	腱
☑ ligament [lígəmənt]	靭帯

リスト No.9 ▷ 病気・症状

☑ leukemia [luːkiːmiə]　　　　　白血病

☑ tuberculosis [tuːbɜ̀ːrkjələ́ʊsɪs]　結核

☑ acquired immunodeficiency syndrome　エイズ

☑ pneumonia [nuːmóʊniə]　　　肺炎

☑ hepatitis [hèpətáɪtɪs]　　　肝炎

☑ subarachnoid hemorrhage　　くも膜下出血

☑ cerebral infarction　　　　　脳梗塞

☑ heatstroke [hiːtstrəʊk]　　熱中症

☑ cataract [kǽtərækt]　　　白内障

☑ hay fever / pollen allergy　花粉症

☑ asthma [ǽzmə]　　　　　喘息

☑ urticaria [ɜ̀ːrtɪkériə]　　　じんましん

☑ German measles　　　　　風疹

☑ alimentary intoxication　　　食中毒

☑ gout [gaʊt]　　　　　　痛風

☑ constipation [kɑ̀ːnstɪpéɪʃn]　便秘

☑ sexually transmitted disease　性感染症

☑ dementia [dɪménʃə]　　　認知症

☑ insomnia [ɪnsɑ́ːmniə]　　　不眠症

☑ anorexia [æ̀nəréksiə]　　拒食症

☑ autism [ɔ́ːtɪzəm]　　　　自閉症

☑ schizophrenia [skìtsəfríːniə]　統合失調症

☑ depression [dɪpréʃn]　　　うつ状態

☑ migraine [máɪgreɪn]　　　片頭痛

☑ retrograde amnesia　　　逆行性健忘症

リスト No.10 ▷ 生物

☑ womb ［wuːm］	子宮
☑ menstruation ［mènstruéiʃn］	月経
☑ fertilization ［fɜ̀ːtəlaizèiʃn］	受精
☑ ovum ［óʊvəm］	卵子
☑ sperm ［spɜːrm］	精子
☑ chromosome ［króʊməsəʊm］	染色体
☑ gene ［dʒiːn］	遺伝子
☑ allele ［əliːl］	対立遺伝子
☑ dominance ［dɑ́ːminəns］	顕性［優性］
☑ recessive ［rɪsésɪv］	潜性［劣性］
☑ hybridization ［hàɪbrɪdəzéiʃn］	交雑
☑ stem cell	幹細胞
☑ cell division	細胞分裂
☑ cell wall	細胞壁
☑ cell membrane	細胞膜
☑ cytoplasm ［sáɪtəʊplæzəm］	細胞質
☑ nucleus ［nʲúːkliəs］	核
☑ mitochondrion ［màɪtəʊkɑ́ːndriən］	ミトコンドリア
☑ chloroplast ［klɔ́ːrəplæst］	葉緑体
☑ vacuole ［vǽkjuəʊl］	液胞
☑ stoma ［stə́ʊmə］	気孔
☑ leucocyte ［lúːkəsaɪt］	白血球
☑ succession ［səkséʃn］	遷移
☑ homeostasis ［hə̀ʊmiəstéɪsɪs］	恒常性
☑ trophic level	栄養段階

リスト No.11 ▷ 元素・原子

☑ neutron [núːtrɑːn]	中性子
☑ proton [próʊtɑːn]	陽子
☑ electron [ɪléktrɑːn]	電子
☑ isotope [áɪsətoʊp]	同位体
☑ allotrope [ǽlətroʊp]	同素体
☑ covalent band	共有結合
☑ hydrogen band	水素結合
☑ nitrogen [náɪtrədʒən]	窒素
☑ nitrogen compound	窒化化合物
☑ chlorine [klɔ́ːriːn]	塩素
☑ chloride ion	塩化物イオン
☑ fluorine [flɔ́ːriːn]	フッ素
☑ silicon [sílɪkən]	ケイ素
☑ arsenic [ɑ́ːrsnɪk]	ヒ素
☑ phosphorus [fɑ́ːsfərəs]	リン
☑ sulfur [sʌ́lfər]	硫黄
☑ methane [méθeɪn]	メタン
☑ nitric acid	硝酸
☑ sulfuric acid	硫酸
☑ carbonic acid	炭酸
☑ hydrochloric acid	塩酸
☑ zinc [zɪŋk]	亜鉛
☑ mercury [mɜ́ːrkjəri]	水銀
☑ tin [tɪn]	スズ
☑ alloy [ǽlɔɪ]	合金

理系と英語

　英語というと，文系の人のほうが得意な印象がありますが，理系でも英語能力はとても大事です。卒業研究を始めると，英語で書かれた論文を読むようになります。大学院に入ると，最先端の内容を英語の教科書で勉強することになります。フィールドワークで海外に行くこともあるでしょう。日本国内で行われる国際会議で，英語で発表するのも珍しくありません。いい成果が出れば，海外の国際会議に行かせてもらえることもあります。

　英語で研究発表をする，海外の研究者と議論する，というのはすごく高度なことのように思えますが，自分の研究の範囲内だったら意外と必要な単語は限られています。しかし，科学でよく使われる単語や表現は，受験勉強で頻出する単語とは必ずしも一致しません。例えば，$x \div y = z$ は英語でどう読むでしょうか？ x^n を英語で言える大学生はあまり多くないと思います。そのような理系単語を学ぶのに，**インターネットで英語の授業が聴講できるシステム**を活用するといいでしょう。Harvard や Stanford，MIT といった海外の有名大学の授業を無料で聴講することができます。英語字幕だけでなく，日本語字幕がついているものも多くあります。Coursera (https://www.coursera.org/) や edX (https://www.edx.org/) は特に内容が充実していてオススメです。理系に限らず，文系や，語学の授業もあります。このような無料の教材を活用して，普段から自分の勉強に必要な語彙を意識的に揃えておくと，いざ必要になった時にきっと役に立つと思います。

推薦図書：教養としての理系の英語　臼井俊雄（著），ベレ出版，2014年

（稲垣紫緒 [教員]）

Episode. 6
降り立つ地

SDGs

このセクションには，「持続可能な開発目標 SDGs」を考える際に必要となる単語が載っています。国際機関や政府組織の情報を基に，SDGs と関連している単語を選定しました。さらに，背景的知識や国際社会の動き，歴史などの併せて知っておきたい情報も注記として掲載しています。「学術分野」から「課題」に視点を変えて，全方位に対応できる語彙力を身に付けましょう！ ▼

1 NO POVERTY

あらゆる場所の，あらゆる形態の貧困に終止符を打つことを目標としている。貧困に苦しむ人々は依然として多く，食料不足や紛争等の新たな脅威により，その数はさらに増えると言われている。すべての人が基本的な資源とサービスにアクセスできる環境を整備し，紛争や災害で被災したコミュニティを支援することが必要とされる。

0580 ☑ ★
poverty
[pάːvərti]

名 **貧困**

＊世界全体で約7億人（世界人口の約10%），子どもは5人に1人が極度の貧困状態で生活していると言われている。（2018）

関 poverty
alleviation

名 貧困削減

0581 ☑ ★★
relative poverty

名 **相対的貧困**

＊相対的貧困とは，国や社会，地域などの一定の母数の大多数の生活水準と比較して困窮している状態のことを言う。

SDGs

0582 ☑ ★★
**absolute
poverty**

名 **絶対的貧困**

＊絶対的貧困とは，人間としての最低限の生存を維持することが困難な状態のことを言う。

0583 ☑ ★★★
destitute
[déstɪtuːt]

形 **（生活に必要なものが）欠けた，貧困な**

◆ take care of **destitute** children
（貧しい子どもたちの世話をする）

0584 ☑ ★★★
indigent
[índɪdʒənt]

形 **貧乏な，窮乏した**

◆ provide education to **indigent** children
（貧困の子どもたちに教育を提供する）

0585 ☑ ★
distress
[dɪstrés]

名 ①（経済的）困窮 ②苦悩，苦痛 ③遭難

◇ Some people in developing countries are in financial **distress**.
（発展途上国の人々の一部は経済的困窮に陥っている。）

0586 ☑ ★
agenda
[ədʒéndə]

名 ①協議事項 ②行動計画

◆ the **agenda** for the meeting
（会議の議題）

0587 ☑ ★★
eradicate
[ɪrǽdɪkeɪt]

動 ～を撲滅する

◇ We must set new goals to **eradicate** extrem
（極度の貧困を撲滅するために新たな目標を設定し
ならない。）

0588 ☑ ★★★
abject
[ǽbdʒekt]

形 ①救いようのない，ひどい ②卑劣な

◇ Fundraising is a way to support people who li
abject poverty.
（募金は極度の貧困状態で生きる人々を支援する手段の1
ある。）

0589 ☑ ★
fatal
[féɪtl]

形 致命的な，（死ぬことが）宿命的な

◆ investigate the cause of a **fatal** disease
（不治の病の原因を調査する）

0590 ✏️ ★★
meager
[míːɡər]

形 貧弱な；わずかな

◇ It is difficult to feed a large family with **meager** income.
（薄給で大家族を養うのは難しい。）

0591 ✏️ ★
scarcity
[skérsəti]

名 不足，欠乏

◇ **Scarcity** of food is widespread.
（食糧不足が拡大している。）

0592 ✏️ ★
inadequate
[inǽdɪkwət]

形 不十分な，不適切な

◇ **Inadequate** nutrition may cause developmental disorders.
（栄養不足は発育不全を引き起こす可能性がある。）

0593 ✏️ ★
sound
[saʊnd]

SDGs

形 健全な

◆ maintain a **sound** health
（健康を維持する）

0594 ✏️ ★
property
[prɑ́ːpərti]

名 ①財産，資産 ②所有物 ③特性

◇ She inherited the **property** from her parents.
（彼女は両親から財産を相続した。）

0595 ✏️ ★
substantial
[səbstǽnʃl]

形 ①大量の，大きな ②頑丈な

◇ A **substantial** number of people live below poverty level.
（多くの人が貧困水準以下で暮らしている。）

144

0596 ☑ ★
livelihood
[láɪvlihʊd]

名 生計

◇ Some countries do not provide enough **livelihood** assistance.
（一部の国は十分な生活扶助を設けていない。）

関 necessity
[nəsésəti]

名 ①生活必需品 ②必要性

0597 ☑ ★★
subsistence
[səbsístəns]

名 生計，暮らし

◇ She has no means of **subsistence**.
（彼女には生計を立てるすべがない。）

0598 ☑ ★
theft
[θeft]

名 盗み，窃盗

◇ The children were guilty of **theft**.
（子どもたちは盗みを犯した。）

0599 ☑ ★★★
international poverty line

名 国際貧困ライン

＊世界銀行が定めた貧困の基準で1日あたり1.90米ドル。世界にはこのラインに届かない人が約7億3600万人いると言われている。(2015)

0600 ☑ ★★★
informal sector

名 インフォーマルセクター，非公式部門

＊法人格のない企業を総称する用語。行政の指導の下で行われておらず，国家の統計や記録に含まれていないような経済活動を指す。

0601 ☑ ★★
Sub-Saharan Africa

名 サハラ以南アフリカ

＊サブサハラアフリカとも言う。アフリカのうち，サハラ砂漠より南の地域のことを指す。最も貧しい地域の1つとされる。

SDGs

飢餓に終止符を打ち，あらゆる地域での食料の安定的な確保や栄養状態の改善，持続可能な農業の促進を目標としている。飢餓は次世代にまで影響し，貧困の悪循環を生む。さらには教育における人材育成や健康，技術革新などその他の分野へも関わる。この目標は人間の基本的な生活を守る上で重要である。

SDGs

0602 ☑ ★
hunger
[hʌ́ŋgər]

名 飢餓

◆ aim for zero **hunger**
（飢餓をなくすことを目指す）

＊国連の調査によると，世界では約8億2100万人が栄養失調に陥っている。(2017)

0603 ☑ ★
starve
[stɑ:rv]

動 飢える，餓死する

◇ A child **starves** to death every five seconds in the world.
（世界では5秒に1人，子どもが餓死している。）

0604 ☑ ★
nutrition
[nutríʃn]

名 ①栄養 ②栄養学

◇ Poor **nutrition** can cause various health problems.
（栄養不足は様々な健康被害を引き起こしうる。）

0605 ☑ ★★
malnutrition
[mæ̀lnutríʃn]

名 栄養失調

＊摂取カロリーは足りていてもビタミン，タンパク質が足りていない新型栄養失調症が近年問題となっている。

0606 ☑ ★
skinny
[skíni]

形 痩せこけた

◇ People become **skinny** if they do not eat enough.
（十分に食べられないと痩せこけてしまう。）

146

0607 ★★
undernourished
[ʌndərnə́:rɪʃt]

形 栄養不足の，栄養不良の

◇ The number of **undernourished** people is rapidly increasing in Africa.
（アフリカでは栄養不良の人の数は急激に増え続けている。）

0608 ★★
deficiency
[dɪfíʃnsi]

名 ①不足，欠乏 ②欠乏症 ③欠陥

◇ Vitamin **deficiency** is a serious problem in both developed and developing countries.
（ビタミン欠乏症は先進国でも発展途上国でも深刻な問題である。）

0609 ★★★
emaciated
[ɪméɪsieɪtɪd]

形 (病気や栄養失調で) やつれた，痩せた

◇ The **emaciated** child was too weak to stand.
（そのやつれた子どもは弱りすぎていて立てなかった。）

0610 ★★★
stunted
[stʌ́ntɪd]

SDGs

形 発育を妨げられた

◇ The child's **stunted** growth was due to lack of nutrition.
（その子どもの発育不全は栄養不足によるものだった。）

0611 ★★
volatility
[vɑ̀:lətíləti]

名 変動性，不安定さ

◇ Excessive **volatility** of food prices affects poor people who spend 60 percent of their income on food.
（食料価格の過度な変化は収入の6割を食料に費やしている貧しい人々に影響を与える。）

0612 ☑ ★
obesity
[əʊbíːsəti]

名 肥満

◇ **Obesity** among adults is increasing.
（成人の肥満は増えている。）

＊飢餓が多い地域では，肥満も多い。貧しい人々は高カロリーで
低栄養な安価の食事をとらざるを得ないためである。

0613 ☑ ★★★
famine edema
[fǽmin edíːmə]

名 飢餓浮腫

◆ save people suffering from **famine edema**
（飢餓浮腫によって苦しめられている人々を救う）

＊飢餓地域の子どもの体内に水分がたまり，腹部が膨らんでいる
状態を指す。アルブミン不足による，血しょう膠質浸透圧の低
下が原因である。

0614 ☑ ★
immune
[ɪmjúːn]

形 ①免疫の　②影響を受けない

◇ Malnutrition leads to a weak **immune** system.
（栄養不足は免疫力低下を引き起こす。）

0615 ☑ ★
diet
[dáɪət]

名 ①食生活　②特別食

＊食を通して病気の要因を予防，改善を目指す食事療法のことも
指す。mealは食事を食べている状況，またはその食べ物を指
し，dietは毎日食べている食物の種類のことを指す。

0616 ☑ ★★
night-blindness

名 夜盲症；鳥目

＊夜の時間帯など暗くなると視力が衰え，見えにくくなる病気。
後天性のものはビタミンAの不足によって起きる。

0617 ☑★
enrich
[ɪnrítʃ]

動 ①〜を豊かにする ②〜をより良くする

◆ **enrich** soil with manure
（肥料で土地を肥やす）

0618 ☑★
domesticate
[dəméstɪkeɪt]

動 ①（動物）を飼いならす，（植物）を栽培
する ②〜を家庭的にする

◆ **domesticate** animals for food
（食料用として動物を飼いならす）

0619 ☑★
early childhood

名 幼児（期）

＊幼児期は一般的に1歳前後から就学前の5, 6歳までの時期を指
す。

0620 ☑★★
lactation
[læktéɪʃn]

名 授乳（期間）

＊1990年にユニセフとWHOは，毎年8月1日〜8月7日を「世界
母乳育児週間」と定めた。世界170カ国以上で母乳での育児促
進と乳児の栄養改善を目指した取り組みが行われている。

SDGs

0621 ☑★★
**food self-
sufficiency**

名 食料自給率

＊食料全体における自給率を示す指標として，供給熱量 [カロ
リー] ベース，生産額ベースの2通りの方法で算出する。

0622 ☑★★★
microfinance
[máɪkrəʊfaɪnæns]

名 マイクロファイナンス

＊マイクロファイナンスは，貧困層への小口融資などの小規模な
金融サービスの提供によって，自立した生活を促すことを目標
とするものである。マイクロクレジットとも呼ばれる。

3 GOOD HEALTH AND WELL-BEING

すべての人の健康的な生活を確保し，福祉を増進すること
を目標としている。ワクチンや医療技術の開発によって，
エイズや結核，マラリアなどの感染症の蔓延を防ぐことを
目指すとともに，精神疾患や非感染症疾患への対策も講じ
る必要がある。

SDGs

0623 ✓★
well-being

名 ①幸福 ②健康

＊「幸福」の意味に加えて，「健康」という意味もある。これは，
全ての年代の人間の健康を確保することが幸福につながるとい
うことである。WHOは，well-beingを単に病気あるいは虚弱
でないというだけでなく，肉体的，精神的，社会的に完全に良
好な状態のこととしている。

0624 ✓★★
ambient
[ǽmbiənt]

形 周囲の，周辺の

◇ Making **ambient** environment clean is significant to
ensure well-being.
（周囲の環境を清潔にすることが，健康を確保する上では重
要である。）

0625 ✓★★
antibiotic
[æntibaɪɑ́:tɪk]

名 抗生物質

◇ **Antibiotics** prevent microbes from propagating.
（抗生物質は微生物が繁殖するのを防ぐ。）

0626 ✓★★
mortality
[mɔːrtǽləti]

名 ①死亡率 ②死，死亡

◇ It is important to decrease the infant **mortality** rate.
（乳児死亡率を下げることは重要である。）

0627 ★★
malpractice
[mǽlpræktɪs]

名 誤診，医療過誤

*医療過誤とは，人為的ミスなど医療従事者が注意していれば防ぐことのできた問題のことを言う。アメリカでは医療過誤による患者の死亡は，心疾患，ガンについで3番目に多いという研究もある。

0628 ★★
immunization
[ɪmjunəzéɪʃn]

名 予防接種

*国連は，4月24日～4月30日を「世界予防接種週間」と定めている。予防接種は，毎年推計200万～300万の子どもたちの命を危険な感染症から守っている。

0629 ★
vaccine
[væksí:n]

名 ワクチン，痘苗

*ワクチンを投与する予防接種とは，毒性を弱めたあるいは無毒化した抗原を体内に入れて，あらかじめ抗体を産出することで重症化を防ぐ方法である。

0630 ★
avert
[əvə́:rt]

動 ①～を防ぐ，避ける ②～をそらす

◇ We can **avert** diseases by regularly exercising.
（定期的に運動することで病気を避けることができる。）

SDGs

0631 ★
infectious
[ɪnfékʃəs]

形 ①感染しやすい，うつりやすい ②感染性の

◇ Germs cause **infectious** diseases.
（細菌は感染症を引き起こす。）

対non-
communicable

形 非感染性の

*非感染性疾患（Non-communicable Diseases：NCDs）とは，生活習慣の改善で予防できる慢性疾患を指す。ガンや糖尿病，循環器系疾患などが含まれる。

SDGs

0632 ✓ ★★★
squalid
[skwάːlɪd]

形 ①不潔な，卑しい ②堕落した

◇ It is difficult to raise children in **squalid** living conditions.
（不潔な生活環境で子どもを育てることは難しい。）

0633 ✓ ★★★
sterilization
[stèrələzéiʃn]

名 ①殺菌，消毒 ②不妊（断種）手術

◇ Dry heat **sterilization** is a process of killing bacteria using a high temperature.
（乾熱滅菌は高温でバクテリアを殺す処理である。）

0634 ✓ ★★
complication
[kὰːmplɪkéiʃn]

名 ①（複数形で）合併症，併発 ②混乱

＊合併症は，ある病気または治療が原因で起こる病気のことを指す。妊娠，出産に関係した合併症で亡くなるリスクは先進国においては8000人中1人，発展途上国では8000人中76人と言われている。（2008年時点）

0635 ✓ ★★
lifestyle disease

名 生活習慣病

＊厚生労働省は，生活習慣病を「食習慣，運動習慣，休養，喫煙，飲酒等の生活習慣が，その発症・進行に関与する疾患群」と定義しており，循環器疾患や糖尿病等がある。

0636 ✓ ★★★
cardiovascular
[kὰːrdiəʊvǽskjələr]

形 心臓血管の，循環器の

＊循環器疾患とは，血液を循環させる心臓や血管などに関する疾患である。世界全体の死因では31％がそれに当たり，全死因のうち最も高い割合を占めている。（2016）

0637 ✓ ★★★
antenatal
[æntinéitl]

形 ①出生前の，出産前の ②妊婦のための

◆ receive **antenatal** care from healthcare professionals
（妊娠期に専門家から産前ケアを受ける）

152

0638 ☑ ★★★
prenatal diagnosis

名 出生前診断

＊antenatal diagnosisとも言う。胎児が先天異常や病気を持っていないかどうかを羊水や血液などによって診断する。命の選別ではないかという議論もある。

0639 ☑ ★★★
venereal disease

名 性感染症

◇ Sexual education is important to prevent **venereal diseases**.
（性教育は性感染症を防ぐために重要である。）

＊sexually transmitted diseaseとも言う。

0640 ☑ ★
HIV

名 HIV, ヒト免疫不全ウイルス

＊HIVとは，ヒト免疫不全ウイルス（Human Immunodeficiency Virus）のことで，エイズの原因となるウイルスである。HIVに感染した人が，厚生労働省が規定した23の合併症のいずれかを発症した場合にエイズと診断される。

0641 ☑ ★
AIDS

名 エイズ, 後天性免疫不全症候群

＊HIV感染症は近年「死なない病気」となりつつある。HAART（Highly Active Anti-Retroviral Therapy）療法という，複数の抗HIV薬をその人の症状に合わせて組み合わせ，ウイルスの増殖を抑えることでAIDS の発症を防ぐ治療法もある。

SDGs

0642 ☑ ★★★
contraceptive
[kὰ:ntrəséptɪv]

形 避妊の
名 避妊薬, 避妊具

＊避妊具は淋菌感染症やクラミジア感染症，梅毒などの性感染症を防ぐことに役立つ。

0643 ☑ ★★★
detrimental
[dètrɪméntl]

形 有害な

◇ Smoking is **detrimental** to good health.
（喫煙は健康に有害だ。）

4 QUALITY EDUCATION

性別や年齢に関係なく，すべての人が質の高い教育を受け，生涯学習を促進することができる社会の構築を目標としている。世界には学校に通えない子どもや，読み書きや計算などの生活に必要な最低限の学習能力を身につけられていない子どもが多くいる。教員や学校の不足などの教育環境の問題を改善することが重要である。

0644 ☑ ★
empowerment
[ɪmpáʊərmənt]

名 エンパワーメント，権限付与

◇ Women's **empowerment** leads to sustainable development of the society.
（女性の社会進出は，社会の持続的な発展につながる。）

派 empower
[ɪmpáʊər]

動 〜に権限を与える，力を与える

0645 ☑ ★
quality
[kwɑ́:ləti]

形 上質の，高級な
名 質

◇ **Quality** education should be available to all the children in the world.
（質の高い教育を，世界のすべての子どもたちが受けられるようにするべきだ。）

0646 ☑ ★
inclusive
[ɪnklú:sɪv]

形 包括した，インクルーシブな

◇ UNESCO is promoting **inclusive** education to ensure right to receive education for everyone.
（ユネスコはすべての人の教育を受ける権利を保障するために，インクルーシブ教育を促進している。）

0647 ☑ ★★
lifelong learning

名 生涯学習

＊学校教育，文化活動，スポーツ活動，ボランティア活動，企業内教育など人が生涯に行う学習のすべてを指す。

SDGs

0648 ☑★
literacy
[lítərəsi]

名 ①読み書き能力 ②(特定分野の) 知識

*読み書きの能力を身につけることは，自立した生活によって貧困の連鎖を食い止める方法でもある。現代社会ではSNSの普及に伴い，メディアリテラシーの重要性が増している。

園numeracy
[nú:mərəsi]

名 (基礎的な) 計算能力

0649 ☑★
obligatory
[əblígətɔ:ri]

形 義務的な，必須の

◇ To protect the citizen's right to receive education is **obligatory** for each country.
(国民の教育を受ける権利を守ることは，各国の義務である。)

類mandatory
[mǽndətɔ:ri]

形 義務的な，必須の

0650 ☑★★
wet nurse

名 乳母

*母乳を与える乳母をwet nurse，そうではない乳母 (育児係) をdry nurseと言う。

SDGs

0651 ☑★★
pre-primary education

名 就学前教育

*初等教育より前の段階にある教育のこと。教育の基礎となるものであり，重要視される。

0652 ☑★★
primary education

名 初等教育

*世界の初等教育の年齢で学校に通っていない子どもたちの半数以上が，紛争や貧困など緊急事態の影響を受ける国に暮らしていると言われている。

0653 ☑★
secondary education

名 中等教育

*日本のシステムにおいては中学校と高等学校での教育を指す。

0654 ☑ ★
higher education

名 高等教育

＊大学などで行われる，学位が授与される教育を指す。

0655 ☑ ★
enrollment
[ɪnróʊlmənt]

名 ①入学 ②記載，登録 ③在籍者数

◇ Many universities are struggling to increase **enrollment** due to the declining birth rate.
（多くの大学が少子化の影響で，大学入学者を増やすことに苦戦している。）

0656 ☑ ★★
out-of-school children

名 非就学児童

＊UNICEFの発表では，世界の学齢期の子どもの11.5％にあたる1億2300万人が学校に通えていないとされている。（2017年時点）

0657 ☑ ★
corporal punishment

名 体罰

＊体罰は，肉体的，精神的に傷跡を残す。2019年現在，57カ国が体罰を禁止する法律を出している。

0658 ☑ ★
disability
[dìsəbíləti]

名 障がい，ハンディキャップ

◇ December 3rd is the International Day of People with **Disability**.
（12月3日は国際障害者デーである。）

0659 ☑ ★
struggle
[strʌ́gl]

動 もがく，苦労する

◇ Women, particularly in developing countries, **struggle** to receive higher education.
（特に発展途上国の女性は高等教育を受けるのに苦労している。）

0660 ☑ ★
scholarship
[skάːlərʃip]

名 ①奨学金 ②学問，学識

◇ **Scholarships** make it possible for many poor people to go to school.
（奨学金によって多くの貧しい人々が学校に行けるようになる。）

0661 ☑ ★★
vocational
[vəʊkéiʃənl]

形 職業の，職業訓練の

◇ **Vocational** training focuses on practical application of skills.
（職業訓練は実用的な技術の応用に焦点をあてる。）

0662 ☑ ★★
electronic learning

名 eラーニング

＊eラーニングとは，インターネットを利用して行う学びのことである。遠隔地でもつなげることができ，教師不足や学校不足の解決策として注目されている。

0663 ☑ ★★★
EdTech
[édtek]

名 エデュテック

＊Educational Technologyの略。教育分野に先端テクノロジーを導入したサービスの総称。タブレット型端末の学校教育への導入やオンライン英会話などが含まれる。

フライパンは軽いものしか使わなくなる（腱鞘炎疑い）　157

ジェンダーに基づく格差の是正と女性や女児のエンパワーメントを目標としている。特に女性に不利な文化的慣行に歯止めをかけるなど，男女が互いを尊重する関係の確立を掲げている。この目標は貧困の根絶や子どもの健康状態の改善，福祉の充実に至るまで，社会のあらゆる側面に欠かせないものである。

0664 ☑ ★
gender equality

名 ジェンダー平等

＊これまでの男女平等に加えて，近年ではLGBTQ+に見られる多様な性の在り方についても関心が高まっている。

0665 ☑ ★
feminism
[fémənɪzəm]

名 フェミニズム；男女同権主義，女性解放思想

◇ It is not easy to define **feminism**.
（フェミニズムを定義することは簡単ではない。）

0666 ☑ ★
decision-making

名 ①意思決定 ②政策決定

◇ In the past, some women had their right of **decision-making** taken away.
（過去に一部の女性は意思決定する権利を奪われていた。）

0667 ☑ ★★
sexual orientation

名 性的指向

＊恋愛や性愛がどのような対象に向けられるのかを表す。異性愛者・両性愛者・同性愛者・無性愛者・全性愛者などがある。

0668 ☑ ★★★
Sexual Reproductive Health and Rights (SRHR)

名 性と生殖に関する健康と権利

＊安全で満足できる性生活を送り，身体的・精神的・社会的な健康のもと，子どもを産むかどうか，どのくらいの間隔を望むかなどについて，自ら選択し，決定する権利のこと。

0669 ☑★
sexual violence

名 性的暴力

＊国連開発計画（UNDP）によると，世界の女性の3分の1以上が身体的または性的暴力を経験しており，特に紛争下ではこれが著しいと言われている。

関 indecent assault 名 強制わいせつ行為

0670 ☑★
domestic violence

名 家庭内暴力

＊国際結婚における家庭内暴力の原因として，婚姻関係によって発行される在留ビザなどの関係で女性の立場が弱いことや，家族制度が母国と異なることなどが挙げられる。

0671 ☑★★
abduction
[æbdˈʌkʃn]

名 誘拐，拉致

＊2014年，ナイジェリアのボルノ州において，イスラーム過激派などから構成される集団が女子生徒276名を拉致した。その後，国連安全保障理事会でテロ組織と承認され，国際社会全体で彼女たちの救出支援が巻き起こった。

0672 ☑★
forced marriage

名 強制結婚

＊強制結婚とは，当事者の一方または両方の同意がない状態で結婚をすることを言う。

SDGs

0673 ☑★
child marriage

名 児童婚

＊UNICEFは，児童婚を「18歳未満での結婚，またはそれに相当する状態にあること」と定義している。

0674 ☑★★
induced abortion

名 人工妊娠中絶

＊女性の性と生殖について国際社会は，1994年に「性と生殖に関する健康と権利」という考え方を承認した。一方で近年，宗教的観点から「性的暴行による妊娠でも中絶禁止」という法制定の議論がされている国もある。

0675 ☑ ★★
marital
[mǽrɪtl]

形 ①結婚（生活）の ②夫婦間の

◇ Children's inheritance may not be dependent on parent's **marital** status.
（子どもの遺産相続は，親の婚姻関係に拠らない場合もある。）

0676 ☑ ★
pregnancy
[prégnənsi]

名 妊娠，妊娠期間

＊UNICEF周産期ケア報告書（2019）によると，毎日800人以上が妊娠合併症で亡くなっている。貧困層においては，生活費捻出のために周産期の治療費を削っていることが原因の１つである。

0677 ☑ ★
labor
[léɪbər]

名 ①出産，分娩 ②陣痛 ③労働

◇ She went into **labor**.
（彼女の陣痛が始まった。）

0678 ☑ ★★★
surrogacy
[sə́:rəgəsi]

名 代理出産

＊代理出産の法律は国によって様々だが，誕生した子の障がいを理由に親が子育てを拒否したり，発展途上国では産業として女性が利用されたりと多くの問題がある。

0679 ☑ ★★★
female genital mutilation (FGM)

名 女性器切除

＊アフリカ，中東，アジアの一部の国々で行われている女性器の一部を切除する慣習を指す。不衛生な状態で行われると感染症や不妊のリスクとなり，命に関わることもある。

類female circumcision

名 女子割礼

160

0680 ☑ ★
sexism
[séksɪzəm]

名 ①性差主義（特に女性蔑視）　②性に対する偏見

*2010年，国連は新たな機関「UN-Women」を創設し，ジェンダー問題に積極的に取り組んでいる。一方，国際社会では2012年，女性への教育を訴えたマララ・ユスフザイ氏（のちにノーベル平和賞受賞）が銃撃されるなど，依然として課題は多い。

0681 ☑ ★★
heterosexual
[hètərəsékʃuəl]

形 異性の，異性間の
名 異性愛者

*「モントリオール宣言」は，のちに性的マイノリティが差別されることなく権利を保障される「ジョグジャカルタ原則」として定められた。国連総会でも承認され，異性愛中心主義に警鐘を鳴らした。

派 heterosexism
[hètərəséksɪzəm]

名 同性愛者に対する偏見，異性愛中心主義

0682 ☑ ★★
homosexual
[hòʊməsékʃuəl]

形 同性愛の
名 同性愛者

SDGs

*世界では，同性愛が法律で犯罪とみなされ，逮捕や死刑判決さえ受けかねない状況がある。国連は，国際人権法に基づくLGBTQ+の人々への人権保護に関して法的義務を定めている。

関 homophobia
[hòʊməfóʊbiə]

名 同性愛恐怖症，同性愛嫌悪

6 CLEAN WATER AND SANITATION

すべての人がきれいで安全な水と衛生施設を利用できるようにすることを目標としている。安全な水の確保は健康状態維持をはじめ、食料やエネルギーの生産・管理体制の改善、経済成長などに繋がる。干ばつや洪水によって安全かつ安定した水の確保が困難な状況下で、効率的な水の使用や、上下水道設備の整備が求められている。

SDGs

0683 ☑ ★★
sanitation
[sæ̀nɪtéɪʃn]

名 ①公衆衛生 ②下水処理設備

＊公衆衛生は、乳幼児死亡率の低下に必要な概念だが、貧困地域では親が重要性を理解していないこともあり、周知の必要性は高い。

0684 ☑ ★★
hygiene
[háɪdʒiːn]

名 衛生

◇ Hand sanitizers are an effective way to maintain **hygiene**.
（手指消毒剤は衛生を保つために有効な手段である。）

0685 ☑ ★
irrigation
[ìrɪɡéɪʃn]

名 灌漑
<ruby>灌漑<rt>かんがい</rt></ruby>

◆ create **irrigation** systems to improve agriculture
（農業を改善するために灌漑システムを設置する）

0686 ☑ ★★★
latrine
[lətríːn]

名 下水道のないトイレ、野外の仮設トイレ

＊日本でよく目にするW.C.は、イギリスで発明されたWater Closetの略で水洗式便所を指す。

0687 ☑ ★★★
defecation
[dèfəkéɪʃn]

名 排便

＊未だ野外で排泄を余儀なくされている人々もいる。全ての人に衛生施設を提供することは急務である。

0688 ★
sewage
[súːɪdʒ]

名 下水，汚水

*産業革命後すぐは下水処理はされておらず，それが原因で世界中でコレラが流行した。その後，下水道が作られるようになった。

0689 ★
drain
[dreɪn]

名 下水設備，下水管
動 ①〜を排出する，空にする ②〜を絞り取る

◆ build **drains** for sewage flow
（下水を流すために下水管を設置する）

0690 ★★
conduit
[káːnduɪt]

名 ①（水やガスなどが通る）パイプ，通路 ②（資金や情報の）ルート

◆ transport oil through a **conduit**
（パイプを通して石油を送る）

SDGs

0691 ★
contamination
[kəntæmɪnéɪʃn]

名 汚染，汚濁

◇ Industrial waste discharged into rivers causes water **contamination**.
（河川に捨てられた産業廃棄物が水質汚濁を引き起こす。）

0692 ★
hazardous
[hǽzərdəs]

形 （人の健康に）有害な，危険な

◇ Well water in this village contains **hazardous** chemical substances.
（この村の井戸水には有害な化学物質が含まれている。）

部屋に虫が入ってきて，追い出せない（同居人） 163

0693 ★★★
nematode
[némətoʊd]

名 線虫

＊線虫の一種である糞線虫によって引き起こされる糞線虫症は，熱帯や亜熱帯地域で多く見られる。人間が汚染された土の上を裸足で歩いた際に感染すると言われている。

0694 ★★★
water-borne diseases

名 水系感染症

＊病原微生物に汚染された水を直接摂取することが原因の感染症のこと。

0695 ★
diarrhea
[dàɪəríːə]

名 下痢

＊発展途上国では急性の下痢性疾患によって，脱水症状を引き起こし，現在でも多くの人が命を落としている。

0696 ★★
filtration
[fɪltréɪʃn]

名 浄化，ろ過

◇**Filtration** plants should be established to provide safe drinking water.
（安全な飲み水を供給するために浄水場を建てるべきである。）

0697 ★
purification
[pjʊ̀rɪfɪkéɪʃn]

名 浄化；精製

◇Water **purification** is important for human health.
（水質浄化は人間の健康のために重要である。）

0698 ★
prevalence
[prévələns]

名 普及，流行

◇The **prevalence** of flush toilets has improved public health.
（水洗トイレの普及が公衆衛生を改善させた。）

SDGs

0699 ★
freshwater
[fréʃwɔːtər]

名 淡水，真水

＊淡水は，人間の生命維持に必要不可欠である。地球は表面の70％を水に覆われているが，淡水は2.5％に過ぎず，人間が利用できるのは1％に満たない。

対sea water

名 海水

0700 ★★
brackish water

名 汽水

＊汽水とは，海水と淡水の中間の塩分を持つ水のことで，汽水湖では有機物や栄養塩類など様々な物質が集積する。

0701 ★★
basin
[béɪsn]

名 ①鉢1杯の量 ②円錐形のボウル，たらい ③盆地

◇ He can't use even a **basin** of clean water.
（彼はたった鉢1杯分さえ清潔な水を使うことができない。）

0702 ★
wetland
[wétlənd]

名 湿地，湿原

＊湿地には，水質浄化作用・淡水供給源・食糧供給源・災害防止作用などがあり，生物多様性を維持する上で重要な場所である。

SDGs

0703 ★★
recur
[rɪkə́ːr]

動 繰り返し発生する

◇ The disease would **recur** by drinking contaminated water.
（汚染された水を飲むとその病気が再発するかもしれない。）

0704 ★
restore
[rɪstɔ́ːr]

動 ①〜を修復する，もとに戻す ②〜を回復させる

◆ **restore** the lake ecosystem to its former condition
（湖の生態系を元の状態に戻す）

7 AFFORDABLE AND CLEAN ENERGY

すべての人がエネルギーを持続的に得られる社会を目標としている。エネルギー供給設備が存在しない場所ではインフラの拡充を行うと同時に，再生可能エネルギーなどの先進的で環境への負荷が少ないエネルギー技術の開発や，エネルギー効率の向上を世界が協力して行うことが求められる。

0705 ☑ ★
affordable
[əfɔ́ːrdəbl]

形 安価な；手頃な

◆ maintain an **affordable** price for energy
（エネルギーの手頃な値段を維持する）

0706 ☑ ★
reliable
[rɪláɪəbl]

形 ①継続可能な，安定した ②信頼のおける，確証のある

◆ make energy use **reliable**
（エネルギー利用を安定したものにする）

0707 ☑ ★
efficiency
[ɪfíʃnsi]

名 効率，能率

◇ Energy conversion **efficiency** of hydroelectric power is about twice as high as that of thermal power.
（水力発電のエネルギー変換効率は，火力発電と比べ約2倍である。）

0708 ☑ ★
install
[ɪnstɔ́ːl]

動 ～を導入する，設置する

◇ Further innovation is necessary to **install** renewable energy systems effectively.
（再生可能エネルギーを効果的に導入するためにはさらなる技術革新が必要だ。）

166

0709 ☑ ★★
interlink
[ìntərlíŋk]

動 ～を連結させる，つなぎ合わせる

◇ It is important to **interlink** Sustainable Development Goals with each other.
(持続可能な開発目標を互いにつなげて考えることが重要だ。)

0710 ☑ ★
renewable energy

名 再生可能エネルギー

＊太陽光や風力，地熱，水力，バイオマスなどの非化石燃料で，永続的に利用できるものが再生可能エネルギーとされる。

0711 ☑ ★★
alternative energy

名 代替エネルギー

＊日本ではオイルショック後に石油代替エネルギーの研究が本格的に始まった。新エネルギーとも呼ばれる。

0712 ☑ ★★
harness
[háːrnɪs]

動 (自然の力) を利用する，動力化する

◇ Hydroelectric power generation **harnesses** energy of water.
(水力発電は水の力を利用している。)

SDGs

0713 ☑ ★★
biomass energy

名 バイオマスエネルギー

＊バイオマスは動植物由来の生物資源を指す。これらの資源を固体，液体，気体の燃料に変換して利用する。

派 biofuel
[báɪəʊfjuːəl]

名 バイオ燃料

geothermal generation

名 地熱発電

＊地中深くから取り出した蒸気でタービンを回して発電する方法。石炭や石油などの燃焼ではなく地球そのものからエネルギーを取り出す。

solar power generation

名 太陽光発電，太陽熱発電

＊太陽光発電は太陽光をパネルに当てることで直接電気に変換する。太陽熱発電は太陽光の熱エネルギーでタービンを回して発電する。

nuclear power plant

名 原子力発電所

＊原子力発電は発電段階において二酸化炭素を全く出さずに大量の電力を安定して供給できる反面，放射線の厳重な管理が必要とされる。

fossil fuel

名 化石燃料

＊石炭や石油，天然ガス，メタンハイドレートなどの総称を化石燃料と言う。化石燃料の燃焼は温室効果ガスが大量に排出される原因となっている。

SDGs

crude oil

名 原油

＊LPGやガソリン，灯油，軽油などは原油を精製することで作られる。単位はバレルで，1バレルは約160L（42ガロン）。

LPG（Liquefied Petroleum Gas）

名 液化石油ガス

関LNG（Liquefied Natural Gas）

名 液化天然ガス

＊LPGは原油から精製するが，LNGは元から地中に存在している。

0720 ☑ ★
reservoir
[rézərvwɑːr]

名 ①貯水池 ②蓄積物

＊貯水池とは，水を貯めるための人工池のこと。梅雨や台風などの豊水期に貯めた水は農業や水道だけでなく水力発電にも用いられる。

0721 ☑ ★★
LED（Light Emitting Diode）

名 発光ダイオード

＊1990年代に青色LEDが実用化されたことにより，ろうそく・ガス灯・白熱電球・蛍光ランプに続く新たな照明用光源となった。

0722 ☑ ★★★
noxious
[nɑ́ːkʃəs]

形 有害な

◇ Dioxins are **noxious** gases.
（ダイオキシン類は有害な気体である。）

0723 ☑ ★★
toxic
[tɑ́ːksɪk]

形 有毒な；中毒性の

◆ be poisoned by a **toxic** substance
（有害物質に毒される）

SDGs

0724 ☑ ★
radioactive
[rèɪdiəʊǽktɪv]

形 放射性の

◇ **Radioactive** materials must be stored in a secure manner.
（放射性物質は安全な方法で保管されなくてはならない。）

0725 ☑ ★★
photochemical smog

名 光化学スモッグ

＊窒素酸化物と有機化合物などが太陽光で化学反応して生じる光化学オキシダントの濃度が高く，周囲の見通しが悪い状態を指す。目や喉，呼吸などに影響を与えることがある。

8 DECENT WORK AND ECONOMIC GROWTH

すべての人にとって，包摂的で持続可能な経済成長と生産的で働きがいのある仕事への就労を促進することを目標としている。労働市場の需要に合ったスキルの訓練を提供したり，労働環境を整備したりすることで健全な就労を促進し，性別による差異のない公正な賃金の支払いが求められている。

0726 ☑ ★★★
decent work

名 働きがいのある人間らしい仕事

＊1999年にファン・ソマビアILO事務局長によって初めて用いられた言葉で，人間としての尊厳を保つことができ，かつ収入のある生産的な仕事という意味を持つ。

0727 ☑ ★
violate
[váɪəleɪt]

動 ①（約束や条約，法律）を侵す，破る
②（プライバシーなど）を侵害する

◇ Children's rights should not be **violated**.
（子どもの権利は侵されるべきではない。）

SDGs

0728 ☑ ★
child labor

名 児童労働

＊ILOは児童労働を「法律で定められた就業最低年齢以下での労働」と定義し，身体的，精神的，社会的，または道徳的な悪影響を及ぼし，教育の機会を阻害すると指摘する。世界では5〜17歳の約1億5200万人が児童労働に従事している。(2016)

0729 ☑ ★
slavery
[sléɪvəri]

名 奴隷，従属，奴隷制度

＊隷属させるような労働，特に児童労働は，子どもから自己の可能性や，人生選択をする基となる思考を培うための教育機会を奪い，長きに渡って隷属的な生き方を強制することになる。

0730 ☑ ★
karoshi

名 過労死

＊長時間労働や過密労働によって，肉体的・精神的負荷が蓄積し，極限状態に達して起こる死。日本は特に深刻で，国際的にもkaroshiとして使用されるようになった。

0731 ☑★
domestic worker

名 ①家庭内労働者 ②国内労働者

＊無報酬で家事や育児などを行う家庭内労働者。主婦や主夫への評価の重要性が国際社会で再認識され始めている。

0732 ☑★
unemployment
[ʌnɪmplɔ́ɪmənt]

名 失業，失業率，失業数

◇ **Unemployment** can result in low self-esteem.
（失業は自尊心の低下につながりうる。）

0733 ☑★★★
decelerate
[diːsélərèɪt]

動 ①～を減衰させる ②～を減速させる

◇ Decrease in population **decelerates** the country's economic growth.
（人口減少はその国の経済成長を遅らせる。）

0734 ☑★★
rundown
[rʌ́ndaʊn]

名 ①（継続的な）減少，低下 ②説明，報告

◆ the **rundown** in the coal industry
（石炭産業の衰退化）

SDGs

0735 ☑★
uneven
[ʌníːvn]

形 ①平らでない ②一様でない ③同等でない

◆ economic disparity due to **uneven** distribution of wealth
（富の偏在による経済格差）

0736 ☑★
Gross Domestic Product (GDP)

名 国内総生産

＊国内で一定期間に生みだされた生産物やサービスの金額の総合計から，中間生産物を差し引いた額のこと。経済規模を比較する指標となる。

りんごを丸かじりする（美味しい♡）　171

0737 ☑ ★
productivity
[prɑ̀ʊdʌktívəti]

图 生産性，生産力

◆ introduce **productivity** control systems run by AI
(AIによる生産性管理システムを導入する)

0738 ☑ ★★
per annum

副 1年ごとに，毎年

◆ calculate economic growth rate **per annum**
(年間経済成長率を算出する)

0739 ☑ ★★★
retool
[rìːtúːl]

動 ①〜を一新する，刷新する ②〜を改革する

◇ The government plans to **retool** the system to ban dangerous child labor.
(政府は，危険な児童労働を禁止するために制度を改革する予定だ。)

0740 ☑ ★★
restructuring
[rìːstrʌ́ktʃərɪŋ]

图 (事業や会社などの) 再構築；リストラ

＊再構築とは，企業の成長維持を目的とし，事業所の統廃合等を通じて構造を根本的に変えることである。

0741 ☑ ★
diversification
[daɪvɜ̀ːrsɪfɪkéɪʃn]

图 ①分岐，多様化 ②(事業の) 多角化

◇ The **diversification** of employment types made it easier for women to be active in society.
(雇用形態の多様化によって，女性は社会で活躍しやすくなった。)

172

0742 ☑ ★
formalization
[fɔ́:rmələzéiʃn]

名 ①（計画や関係の）形成 ②形式化

◆ promote **formalization** of tasks to raise efficiency
（能率を上げるために仕事の形式化を促進する）

0743 ☑ ★★★
fintech
(FinTech)
[fíntek]

名 フィンテック

＊金融（Finance）と技術（Technology）を組み合わせた造語で，IT技術を使用した金融サービスのこと。インターネットバンキングもその一例に入る。

0744 ☑ ★★★
blockchain

名 ブロックチェーン，分散型台帳

＊ブロックチェーンは，ネットワーク上に分散してデータを記録する技術を指す。仮想通貨の基盤技術として知られている。

0745 ☑ ★★
labor-intensive

形 労働集約型の

＊労働集約型とは，生産に占める人間の労働力に頼る割合が資本の占める割合より大きい産業のこと。第一次産業が主な例。

関 capital-intensive　形 資本集約型の

0746 ☑ ★★★
Enhanced
Integrated
Framework
(EIF)

名 拡大統合フレームワーク

＊後発開発途上国に特化して貿易分野でのキャパシティビルディングを行う国際的な枠組みのこと。

0747 ☑ ★★★
high-value
added sectors

名 高付加価値セクター

＊競合他社が真似できない技術やノウハウを活用した顧客需要のある技術や開発のことを言う。

9 INDUSTRY, INNOVATION AND INFRASTRUCTURE

強靭なインフラを整備し，包摂的で持続可能な産業化と技術革新の促進を目標としている。産業が持続可能性を追求しながら成長することは，私たちの生活水準の向上を意味する。技術革新によって，島嶼国や後発開発途上国などのこれまでアクセスが制限されていた地域でも，医療やインフラを整備することができるようになる。

0748 ☑ ★
infrastructure
[ínfrəstrʌ̀ktʃər]

名 インフラ，基盤，（国家や社会などの経済的存続に必要な）基本的施設

＊人口増加に伴い，インフラ需要も急激に増大している。電力インフラ需要は特に高く，世界銀行は2014〜2020年の間に3200億ドルの投資が必要であるとしている。

0749 ☑ ★
industrialization
[ɪndʌ̀striələzéiʃn]

名 工業化

◇ Environmental pollution caused by **industrialization** has a negative impact on natural resources.
（工業化によって引き起こされる環境汚染は，天然資源に悪影響を及ぼす。）

0750 ☑ ★★★
incremental innovation

名 漸進的技術革新

＊従来の技術を連続的に改良し漸進的に進歩する技術革新のこと。また，既存のビジネスモデルや商品・サービスを破壊し，一新する技術革新のことを急進的技術革新という。

対radical innovation

名 急進的技術革新

0751 ☑ ★★★
agribusiness
[ǽgrɪbìznəs]

名 アグリビジネス，農業関連産業

＊生産者をサポートし，農業に関する経済活動を行うこと。農家の法人化やテクノロジーを駆使した農業システム構築が進んでいる。

0752 ★★
agro-industry

图 大規模農産業，農業関連産業

＊大規模農業は田畑面積の増大に伴って生産量が高まるため売り上げが増える一方で，相場の下落や画一的な商品になりやすいという欠点がある。

0753 ★
textile
[tékstaɪl]

图 ①織物，編物 ②（複数形で）織物産業

◇ **Textiles** are made from many materials.
（織物は多くの素材から作られる。）

0754 ★
garment
[gáːrmənt]

图 ①布切れ，覆い ②衣服

＊特に一着の衣服を指すときに使う。clothesは一般的に一着ではなく，服全般を指す。また，garmentは衣料業界の用語として用いられることもある。

0755 ★★
entrepreneurship
[àːntrəprənə́ːrʃɪp]

图 起業家精神，企業家精神

＊新しい事業や組織を創造しようと果敢に挑む姿勢や態度を意味する。現在は，政府や地方自治体が起業家に対して助成金を与えるなど積極的なサポートが行われていることが多い。

SDGs

0756 ★
bankruptcy
[bǽŋkrʌptsi]

图 破綻，倒産

◇ He rescued a company which was on the edge of **bankruptcy** by technological innovation.
（彼は倒産寸前の会社を技術革新によって救った。）

0757 ★★
decouple
[diːkʌ́pl]

動 ～を分離する，切り離す

◆ **decouple** economic growth from environmental impact
（経済成長と環境への影響を切り離す）

内面からイケメンになりたい（頑張ります）　175

SDGs

0758 ☑ ★★
fiscal
[fískl]

形 財政上の；税制の

◇ Due to **fiscal** deterioration, social welfare spending has become weak.
(財政上の悪化によって，社会福祉の支出が減った。)

0759 ☑ ★
Industrial Revolution

名 産業革命

＊産業革命によって，労働者階級が生まれ，現在のような時間を守って働く形態ができたと言われている。

0760 ☑ ★
pre-industrial

形 産業革命前

◇ Most of the manufacturing occurred in rural areas in the **pre-industrial** world.
(産業革命前の世界では，ほとんどの生産が農村で行われた。)

0761 ☑ ★★★
retrofit
[rétrəʊfɪt]

動 (旧型のもの) を更新する，改修する

◇ The company **retrofitted** all its walls with aseismic materials.
(その会社はすべての壁を耐震壁に改装した。)

0762 ☑ ★
enhance
[ɪnhǽns]

動 ～をさらに高める，よりよくする

◇ Companies are looking to **enhance** workforce productivity.
(企業は労働生産性を高めようとしている。)

類 reinforce
[riːɪnfɔ́ːrs]

動 ～を強化する

0763 ✓ ★★★
resilient
[rɪzíliənt]

形 ①強靭な ②回復力のある

◇ The building is remarkably **resilient** to earthquakes.
（その建物は地震に対してかなり耐性がある。）

0764 ✓ ★
prosperity
[pra:spérəti]

名 ①繁栄 ②大繁盛

◇ Advances in technological development led to national
prosperity.
（技術開発の進歩は，国家の繁栄につながった。）

0765 ✓ ★★★
leapfrog
[líːpfrɔːg]

動 ①〜を追い抜く ②飛躍する
名 ①リープフロッグ現象 ②跳躍

◇ Mobile phones in developing countries are an example
of a **leapfrog**.
（発展途上国における携帯電話はリープフロッグ現象の一例
である。）

SDGs

＊リープフロッグ現象とは，途中の段階を飛び越して最先端の技
術に到達することを指す。

0766 ✓ ★★
public sector

名 公共部門

＊経済において政府が管理する部門のこと。

0767 ✓ ★★
**Corporate Social
Responsibility (CSR)**

名 企業の社会的責任

＊企業は社会のあらゆるステークホルダーや地球環境に対して適
切な対応を取る必要があり，その努力をする責任を指す。

0768 ✓ ★★★
**Principles for
Responsible
Investment
(PRI)**

名 責任投資原則

＊企業は自社の利益追求のためではなく，環境・社会・企業統治
のために投資をすべきという宣言を指す。国際連合事務総長の
コフィー・アナン氏が2006年に提唱。

国内および国家間における不平等の是正を目標としている。情報や教育，所得分配などに根強く残る格差は，社会と経済の長期的な発展を脅かしている。あらゆるステークホルダーが結束し，政治的・経済的な対策を効果的に遂行することによって，社会から隔絶されたコミュニティの成長を促進し，機会均衡を目指す必要がある。

0769 ☑ ★
inequality
[inikwá:ləti]

図 不平等，不公平

◇ **Inequality** in wage is a serious problem.
（賃金の不平等は深刻な問題である。）

0770 ☑ ★
disparity
[dispǽrəti]

図 格差，差別

◇ There is a big **disparity** in income between developing countries and developed countries.
（発展途上国と先進国との間には収入に大きな格差がある。）

0771 ☑ ★★
racism
[réisizəm]

図 人種差別

＊アフリカにおける植民地支配からの独立を背景に，「あらゆる形態の人種差別撤廃に関する国際条約」が1965年に国連で採択された。

0772 ☑ ★★
caste
[kæst]

図 カースト制度

＊ヒンドゥー教における社会的身分制度のこと。国連はカースト制度を人種差別と捉え，対処しているが，現在も根強く残っている。

0773 ☑ ★
handicapped
[hǽndikæpt]

形 障がいのある

◇ My son is physically **handicapped**.
（私の息子は身体的な障がいがある。）

178

0774 ☑ ★★★
heresy
[hérəsi]

名 ①異教 ②異端

＊特定の宗教を信仰する者の立場からみた他の宗教を指す。

0775 ☑ ★★★
persecute
[pɜ́:rsɪkju:t]

動 ～を迫害する

◇ We have to understand what it is like to be **persecuted**.
（私たちは迫害されることはどのようなことなのか理解しなければならない。）

0776 ☑ ★
displace
[dɪspléɪs]

動 ～に取って代わる，～を強制的に移動させる

◇ The government **displaced** illegal immigrants from their houses.
（政府は不法滞在者を彼らの家から強制退去させた。）

0777 ☑ ★★
marginalize
[má:rdʒɪnəlaɪz]

動 ～を軽んじる，重要視しない；疎外する

SDGs

◇ The extremely poor are often **marginalized**.
（極度に貧しい人々はしばしば軽んじられる。）

0778 ☑ ★
migrate
[máɪɡreɪt]

動 ①移住する ②（鳥や動物が）渡る

＊2018年7月時点で在留外国人の数は日本の総人口の約2％にあたる。政府は働き手不足対応のため，2019年4月に新たな在留資格を設けた。

0779 ☑ ★★
resent
[rɪzént]

動 ～に対して憤る，義憤を覚える

◇ The people **resented** the tyranny of the government.
（民衆は政府の圧制に対して憤慨した。）

大学入学後最初の授業が休講（えっ…） 179

0780 ☑ ★★
redistribute
[riːdɪstríbjuːt]

動 ～を再分配する

◇ The government **redistributed** the land to the farmers.
（政府は農民に土地を再分配した。）

0781 ☑ ★
accessible
[əksésəbl]

形 ①入手可能な，利用可能な ②たどり着ける ③理解しやすい

◇ The UN is working to make safe and cheap drinking water **accessible** to everyone.
（国連は，安全で安価な飲料水をすべての人が入手可能になるように取り組んでいる。）

類 available
[əvéiləbl]

形 入手可能な

0782 ☑ ★★
equitable
[ékwɪtəbl]

形 公正な，公平な

◇ Our goal is to build **equitable** societies.
（私たちの目標は公平な社会を築くことである。）

0783 ☑ ★
coordinate
[kəʊɔ́ːrdɪnət]

動 ～を調和させる，調整する

◇ The three branches of government must **coordinate** with each other.
（政府の三権は相互に連携し合わなければならない。）

0784 ☑ ★
credible
[krédəbl]

形 信用できる，受け入れられる

◇ There was **credible** evidence to support the suspect's claim.
（被疑者の主張を裏付ける確かな証拠があった。）

180

0785 ☑ ★★
Gini coefficient

名 ジニ係数，所得不平等度係数

＊社会における所得不均衡を測る指標の1つ。

0786 ☑ ★★
tax evasion

名 脱税

＊法人税などを避けるため，税金がかからない，あるいは低い国や地域（タックス・ヘイブン）に資産を移すことが行われており，問題視されている。

0787 ☑ ★★
political inclusion

名 政治参画

＊日本では2016年より選挙権年齢が満18歳以上に引き下げられた。世界199の国と地域のうち約9割が18歳選挙権を採用している。

0788 ☑ ★★
stakeholder
[stéikhəʊldər]

名 利害関係者，ステークホルダー

＊参加型会議の方法の1つとして，討議するテーマに応じて最も適した問題当事者が議論を行うステークホルダー会議がある。

SDGs

0789 ☑ ★★★
least developed countries

名 後発開発途上国

＊2014～2016年平均の一人あたりのGNI（国民総所得）が1035米ドル以下等の3つの基準を満たす，特に開発の遅れた国々。3年に一度リストの見直しが行われる。

0790 ☑ ★★★
Small Island Developing States（SIDS）

名 小島嶼開発途上国

＊小さな島で国土が構成される開発途上国。38の国連加盟国及び複数の国連非加盟国・地域が含まれている。

0791 ☑ ★★
Official Development Assistance （ODA）

名 政府開発援助

＊開発途上地域の開発を主な目的とする，政府及び政府関係機関による国際協力活動のこと。医療や農業における技術協力や無償の設備建設などを行っている。

11 SUSTAINABLE CITIES AND COMMUNITIES

都市を安全で強靭かつ持続可能にすることを目標としている。急速な都市化は，サービスのアクセス制限やインフラの劣化，都市ごみの増大など多くの課題をもたらす。スマートシティの実現によって，効率的な資源利用や災害に強い都市の構築が求められている。

0792 ☑ ★
habitable
[hǽbɪtəbl]

形 (人が) 住むのに適した

◇ We need to make cities more **habitable**.
（街をより住みやすくする必要がある。）

0793 ☑ ★
urbanization
[ɜːrbənəzéɪʃn]

名 ①都市化 ②（都市への）人口流入

＊都市化とは，ある地域の人口が都市部に集中する過程や，都市部の生活様式・価値観が農村部で広まる過程を言う。

0794 ☑ ★★★
gentrification
[dʒèntrɪfɪkéɪʃn]

名 ジェントリフィケーション，（住宅や不動産の）高級化

＊低所得者向けの住宅地が再開発等で価格が上昇し，中・高所得者向けの地域へと変化することを指す。

0795 ☑ ★
hub
[hʌb]

名 中心，中心地；中枢

◇ Tech **hubs** promote economic growth.
（技術拠点は経済成長を促進する。）

0796 ☑ ★★
influx
[ínflʌks]

名 （物やお金，人の）流入

◇ The city recently saw a huge **influx** of immigrants.
（その街は最近多くの移民の流入にあった。）

0797 ★
thrive
[θraɪv]

動 ①栄える ②生き生きとする

◇ Wind generation **thrives** in this region.
（風力発電はこの地域で盛んである。）

0798 ★
maintain
[meɪntéɪn]

動 ①〜を維持する ②〜を修復する

◇ The company's first priority is to **maintain** product quality.
（その会社の最優先事項は製品の品質を保つことだ。）

0799 ★★
ubiquitous
[juːbíkwɪtəs]

形 偏在する，普遍的な

＊日常生活を送るあらゆる場所において，ネットワークに接続できる環境のある社会を，ユビキタスネットワーク社会と言う。

0800 ★★
holistic
[həʊlístɪk]

形 全体論の，包括的な

＊ある全体のシステムを分析する際，個別の要素ごとに還元することはできないという考え方。

SDGs

0801 ★★
municipal
[mjuːnísɪpl]

形 ①市の，町の ②地方公共団体の

◇ **Municipal** officers were busy helping with disaster relief.
（市役所職員は災害復旧対策に追われていた。）

0802 ★★
congestion
[kəndʒéstʃən]

名 ①密集，過密 ②（血液や鼻の）つまり ③渋滞

◇ **Congestion** results in an increase in the cost of living in cities.
（過密化は街での生活費の上昇をもたらす。）

キャンパス近くには安くて美味しい定食屋さんがある（瑠梨） 183

SDGs

0803 ☑ ★
dense
[dens]

形 ①密集した，密度が高い ②(煙や霧が)濃い

◇ This city has a **dense** population.
(この都市には人口が密集している。)

対 sparse
[spɑːrs]

形 まばらな，閑散とした

0804 ☑ ★★
peri-urban

形 都市近郊の，郊外と地方の間の地域の

＊日本では高度経済成長期に，都市へ集中する労働人口の受け皿として郊外に住宅地が開発された。

0805 ☑ ★★
vulnerable
[vʌ́lnərəbl]

形 脆弱な，傷つきやすい

◇ Old houses are **vulnerable** to earthquakes.
(古い家は地震に対して脆弱である。)

0806 ☑ ★★
urban disaster

名 都市災害

＊都市化が進み，人口や建物が集中することで，災害の規模が拡大し，被害が甚大になることを指す。

0807 ☑ ★★★
urban sprawl

名 スプロール現象

＊都心部から郊外に向けて無計画に開発される現象。インフラ整備の遅れや地権の細分化などを引き起こす。

0808 ☑ ★★
multiculturalism
[mʌ̀ltikʌ́ltʃərəlɪzəm]

名 多文化主義，文化的多元主義

＊カナダでは1971年に国家の方針として多文化主義が宣言された。それ以降オーストラリアの多文化主義政策をはじめ，各国に広まった。

0809 ⬚✎ ★
refugee
[rèfjudʒíː]

名 難民

◇ Hundreds of **refugees** are moving across the border.
（何百人もの難民が国境を越えて移動している。）

＊難民条約では難民を「人種や宗教，政治的な理由などで迫害される恐れがあり母国を逃れた人」と定義している。

0810 ⬚✎ ★
slum
[slʌm]

名 貧民街，スラム街

＊大都市において極貧層が居住する過密化した地域。スラムを一掃し地域を再開発するスラム・クリアランスが行われつつある。

0811 ⬚✎ ★
atmospheric pollution

名 大気汚染

＊工場での生産活動や自動車の使用によって排出される窒素酸化物や，二酸化炭素等の大気汚染物質が原因となり引き起こされる。

0812 ⬚✎ ★★★
waste management

名 廃棄物管理

SDGs

＊廃棄物の分別やコスト・排出量の削減等を効率的に遂行するための管理体制を指す。

0813 ⬚✎ ★
social cost

名 社会的費用

＊企業を含めた生産者による私的経済活動の結果，社会が受ける損害。公害や環境破壊等が挙げられる。

| 持続可能な消費と生産のバランスを維持することを目標としている。私たちが社会で行う消費活動のごくわずかな変化は，地球規模で考えると莫大な影響を与えていることがある。人口増加に伴い，物の消費が拡大する中，限りある資源を効率的に利用し，持続可能な消費活動を目指すことが重要とされる。 |

SDGs

0814 ☑ ★
consumption
[kənsʌ́mpʃn]

名 消費

◇ The Japanese government raised the **consumption** tax to 10 percent on October 1, 2019.
（日本政府は2019年10月1日に消費税を10%に引き上げた。）

0815 ☑ ★
abundant
[əbʌ́ndənt]

形 (有り余るほどに) 豊富な

◇ An **abundant** workforce is a major advantage in national production activity.
（豊富な労働力は国の生産活動において大きな利点である。）

0816 ☑ ★
reusable
[rìːjúːzəbl]

形 再利用可能な

◇ We should use **reusable** bags instead of plastic ones.
（ビニール袋の代わりに再利用可能な袋を使うべきである。）

0817 ☑ ★
natural resource

名 天然資源

＊自然界に存在している資源で，鉱物資源や生物資源，さらには河川，大気，太陽光など人間にとって価値のあるものを指す。

0818 ☑ ★★★
carbon footprint

名 二酸化炭素排出量

＊製品のライフサイクルを通した二酸化炭素排出量を表す。

0819 ☑ ★
upgrade
[ʌpgréid]

動 ①～の効果を高める ②(等級) を上げる

◇ Civic amenity sites need to be **upgraded**.
(公共のリサイクル場を改良する必要がある。)

0820 ☑ ★★
degradation
[dègrədéiʃn]

名 悪化, 腐敗

◇ We can prevent the **degradation** of ecosystems.
(生態系の悪化は防ぐことができる。)

0821 ☑ ★★★
deplete
[diplí:t]

動 ～を枯渇させる, 使い果たす

◇ Deforestation is **depleting** forest resources.
(森林伐採は森林資源を枯渇させる。)

0822 ☑ ★
disposal
[dispə́uzl]

名 (廃棄物などの) 処理, 除去

◇ Sewage **disposal** is important to prevent spread of diseases.
(病気の拡大を防ぐために下水処理は重要である。)

SDGs

0823 ☑ ★
halve
[hæv]

動 ～を二等分する, 半分にする

◇ The introduction of new technology **halved** the amount of industrial waste.
(新しい技術の導入によって, 産業廃棄物の量が半減した。)

0824 ☑ ★★★
entrant
[éntrənt]

名 ①新入者 ②参加者

◇ The company is a new **entrant** in the market.
(その会社は新規の市場参加者である。)

私には恋人がいないけど, カップルは目の保養 (微笑ましい) 187

0825 ☑ ★★
monopoly
[mənά:pəli]

名 独占，独占企業

◇ **Monopolies** possess the power to influence the prices of goods.
（独占企業は商品の価格に影響力を持つ。）

類 oligopoly
[ὰ:lɪgά:pəli]

名 寡占

0826 ☑ ★★
taxation
[tækséɪʃn]

名 ①税金 ②課税制度

◇ In some countries, **taxation** systems are not properly working.
（一部の国では税制がうまく機能していない。）

0827 ☑ ★★
tariff
[tǽrɪf]

名 ①関税 ②（施設の）料金表

＊「自由貿易制度（FTA）」は互いの国にかける関税をゼロにすることで，自由貿易化による経済成長を促すことを目的としている。

SDGs

0828 ☑ ★★★
auspices
[ɔ́:spɪsɪz]

名 ①保護 ②後援

◇ The settlement support program for refugees was held under the **auspices** of the Foreign Ministry.
（その難民定住支援プログラムは外務省の後援の下で行われた。）

0829 ☑ ★★
fair trade

名 公平・公正な貿易，フェアトレード

＊発展途上国の環境や労働状況に配慮し，適切な価格を設定すること。コーヒーやバナナなど20種類が対象になっている。

0830 ☑ ★★
supply chain

图 供給連鎖，サプライチェーン

＊商品が消費者の手元に渡るまでの生産・流通過程のこと。全体で情報を共有した効率的な事業構築をサプライチェーンマネジメントと言う。

0831 ☑ ★★★
procurement
[prəkjúrmənt]

图 獲得，調達，周旋

◇ **Procurement** of children for sexual exploitation must be stopped.
（性的搾取のための児童斡旋は止めなくてはならない。）

0832 ☑ ★
manufacturing
[mænjufǽktʃərɪŋ]

图 製造，製造業

◇ **Manufacturing** is important for employment generation and economic development.
（製造業は雇用創出と経済成長にとって重要だ。）

0833 ☑ ★
process
[prá:ses]

動 ①〜を加工する ②（書類など）を受理する

SDGs

◇ Eating **processed** food can be unhealthy.
（加工食品を食べると不健康になる可能性がある。）

実家から大量の野菜が送られてくる（ミミック） 　189

13 CLIMATE ACTION

温室効果ガスの増加に伴う気候変動とそれが引き起こす影響に対して，具体的な対策を講じることを目標としている。国の成長を追求しつつも，二酸化炭素などの温室効果ガスの削減を目指し，気候変動に対応できる国家システムや社会を形成することが世界中で求められている。

0834 ☑ ★
climate change

名 気候変動

◇ **Climate change** can lead to extinction of some species.
（気候変動は種の絶滅につながることもある。）

0835 ☑ ★★
extreme event

名 極端現象

類 abnormal weather

名 異常気象

＊世界気象機関（WMO）や日本の気象庁は，「異常気象」を「ある地域，ある時期の30年間の平均と著しく離れた現象（30年に1回以下程度）」と定義している。一方，「極端現象」は毎年起こり得るゲリラ豪雨などの現象を指す。

0836 ☑ ★★★
cataclysmic
[kæ̀təklízmɪk]

形 ①（自然現象が）突然起こる ②壊滅的な被害をもたらす

◇ A **cataclysmic** earthquake resulted in loss of life and property.
（壊滅的な地震で人命と財産が失われる結果となった。）

0837 ☑ ★★★
force majeure

名 ①不可抗力 ②天災

＊act of Godも「天災」と訳されるが，force majeureには自然災害だけでなく「人為的な出来事や事情」も含まれる。

SDGs

0838 ✍️★
global warming

名 地球温暖化

◇ **Global warming** causes other problems such as floods and droughts.
(地球温暖化は洪水や干ばつなどその他の問題も引き起こす。)

0839 ✍️★
greenhouse gas

名 温室効果ガス

＊気体によって温暖化への影響度は異なるため、「地球温暖化係数（GWP）」を用いて二酸化炭素における影響度に換算する。

0840 ✍️★
carbon dioxide

名 二酸化炭素

◇ The UN survey confirmed that global **carbon dioxide** emissions have increased by nearly 50% in about 30 years from 1990.
(国連の調査によって，1990年からの約30年間で，世界の二酸化炭素排出量が50%近く増大したことが確認された。)

SDGs

0841 ✍️★★
aerosol
[érəsɑːl]

名 エアロゾル

＊気体中に浮遊する微小な液体や固体の粒子をエアロゾルと言う。人体への毒性が懸念される一方で，地球温暖化や酸性雨などの地球環境問題解決においてその役割が注目されている。

0842 ✍️★★
mitigation
[mìtɪɡéɪʃn]

名 緩和（策），軽減

◇ Green Climate Fund supports **mitigation** of greenhouse gases and adaptation of climate change policies in developing countries.
(緑の気候基金は，発展途上国の温室効果ガス削減と気候変動に関する政策の採用を支援する。)

SDGs

0843 ☑ ★
low-carbon society

图 **低炭素社会**

＊地球温暖化を引き起こす要因の1つである二酸化炭素の排出量
削減を目指す社会を指す。二酸化炭素の削減だけでなく、それ
を吸収する自然の再生にも取り組む。

園 low-carbon economy

图 低炭素経済

0844 ☑ ★
acid rain

图 **酸性雨**

＊酸性雨は、化石燃料の燃焼によって大気中に排出された二酸化
硫黄と窒素酸化物が、雨、雪および霧となって大気中から地表
に放出されることで発生する。

0845 ☑ ★★
torrential rainfall

图 **集中豪雨**

＊集中豪雨は、多量な雨が短時間で局所的に降り、甚大な災害を
引き起こす。日本では、特別警報の判断範囲の細分化が検討さ
れ、対策が進められている。

0846 ☑ ★
drought
[draʊt]

图 **干ばつ**

＊干ばつの被害が深刻化する第一の理由は少雨だが、貯水・送水イ
ンフラの老朽化や未整備といった要因もある。

0847 ☑ ★★
sea level

图 **平均海面**

＊世界の平均海面水位は1992年から2015年の間で約8センチ上
昇し、フィリピン沖や東日本沖の一部では平均約20センチ以上
上昇した。

0848 ☑ ★★
El Nino

图 **エルニーニョ現象**

＊太平洋上において、貿易風が弱いために積乱雲の発生が東に
寄ってしまい、日本付近では夏に気温が低く、冬に気温が高く
なる現象。

0849 ✎ ★★
Environmental Impact Assessment (EIA)

名 環境アセスメント

＊環境アセスメントとは環境影響評価のことである。開発事業による環境への影響を事前に調査・予測・評価をし，その結果を公表する。

0850 ✎ ★
initiative
[ɪníʃətɪv]

名 ①主導権 ②新規案

◇ Japan took the **initiative** of organizing Innovation for Cool Earth Forum (ICEF).
（日本はICEFの開催を主導した。）

0851 ✎ ★★
Conference of the Parties (COP)

名 国連気候変動枠組条約締約国会議

＊1992年の地球サミットで採択された気候変動枠組条約の締約国により，温室効果ガス排出削減を協議する会議。

0852 ✎ ★★
Kyoto Protocol

名 京都議定書

＊1997年の地球温暖化防止京都会議（COP3）において，先進国の温室効果ガスの排出削減について法的拘束力のある数値目標を定めたもの。

SDGs

0853 ✎ ★★
Paris Agreement

名 パリ協定

＊2020年以降の地球温暖化対策の国際的枠組みを定めた協定。2015年パリで開かれた国連気候変動枠組条約締約国会議（COP21）で採択された。

0854 ✎ ★
geophysics
[dʒìːəʊfízɪks]

名 地球物理学

＊地球物理学とは，地球表面や地球内部の自然現象を物理学的手法を用いて解く自然科学のこと。主に，地震学，火山学，気象学，海洋物理学などが含まれる。

海洋や水産資源を保全しながら，持続可能なかたちで利用することを目標としている。人間活動による海洋汚染への対策や水産資源の管理，水産資源を枯渇させる可能性のある漁業法の規制によって海の豊かさを守りつつ，すべての国が持続的に利用することが重要である。

0855 ☑ ★
marine
[mərí:n]

形 ①海の，海洋の ②海上の，海運の

◇ New technologies and ideas are necessary for utilizing **marine** resources.
（海洋資源を利用するための新たな技術や工夫が必要だ。）

関 submarine
[sʌ̀bmərí:n]

形 海底の 名 潜水艦

0856 ☑ ★★★
saline
[séili:n]

形 塩分を含んだ

◇ **Saline** water intrusion is the influx of sea water into freshwater area.
（塩水侵入とは淡水域に海水が流入することである。）

0857 ☑ ★
coastal
[kóʊstl]

形 沿岸の

◇ Ocean pollution and acidification deteriorate **coastal** water quality.
（海洋の汚染と酸性化は沿岸の水質を悪化させる。）

0858 ☑ ★★
coastline
[kóʊstlaɪn]

名 海岸線

◇ Some beautiful **coastlines** will disappear because of coastal erosion.
（美しい海岸線の中には海岸浸食によって失われるものもある。）

0859 ★
fishery
[fíʃəri]

名 ①漁業 ②漁場

◇ Water pollution has a negative impact especially on small scale **fisheries**.
（水質汚染は特に小規模漁業へ悪影響を与える。）

0860 ★
overfishing
[əʊvərfíʃɪŋ]

名 乱獲

＊乱獲だけでなく，生態系バランスの変化や混獲，ゴーストフィッシング（流出漁具などによる水生生物への被害）などは水産資源に悪影響を与える。

0861 ★★
overexploit
[əʊvərɪksplɔ́ɪt]

動 ～を過剰に利用する

◇ We should not **overexploit** natural resources.
（天然資源を過剰に使うべきではない。）

0862 ★★
trawling
[trɔ́ːlɪŋ]

名 トロール漁業

＊底引き網漁業の1つ。一度に大量の魚を獲ることができるが，稚魚の乱獲などの問題があり，網目の拡大や規制が進んでいる。

SDGs

0863 ★★
aquaculture
[ɑ́ːkwəkʌltʃər]

名 水産養殖

＊水産養殖では，魚介類を海面だけでなく陸上や内水面（淡水）でも飼育することができる。

0864 ★
cultivation
[kʌltɪvéɪʃn]

名 ①養殖 ②耕作，栽培 ③（技術などの）開発

＊クロマグロを養殖で50kgまで育てるためには約700kgの小魚が必要とされる。人間の都合で魚を無駄遣いしているという指摘もあり，改善が求められている。

0865 ☑ ★★
acidification
[əsìdɪfɪkéɪʃn]

名 酸性化

＊海洋酸性化によって海水中の生態系が変化したり，海洋が二酸化炭素を十分に吸収できず，温暖化が進行したりする可能性がある。

派 acidify
[əsídɪfaɪ]

動 ①〜を酸性化する ②酸性になる

0866 ☑ ★
ecosystem
[íːkəʊsɪstəm]

名 生態系

＊一定の範囲内において，相互的で非常に複雑な関係を持った生き物たちの集まりや，それを取り巻く環境のことを指す。

0867 ☑ ★
conserve
[kənsə́ːrv]

動 ①(資源など) を大事に使う ②〜を保全する，保護する

◇ We should **conserve** not only the marine resources but also the sea itself.
(海洋資源だけでなく海そのものも保全しなければならない。)

SDGs

0868 ☑ ★
organism
[ɔ́ːrgənɪzəm]

名 ①有機体 ②(微) 生物

＊生物は地上だけではなく，地中や深海，火山，極地など様々な場所に生息している。

0869 ☑ ★★
coral reef

名 珊瑚礁

＊珊瑚礁は温暖化等による白化現象や，珊瑚を好んで食べるオニヒトデによる食害，台風による破壊などによって脅かされている。

0870 ☑ ★
absorb
[əbzɔ́ːrb]

動 ①〜を吸収する ②〜を没頭させる ③〜を使い切る

＊日本の四大公害病のうち，水俣病と新潟水俣病，イタイイタイ病は有毒物質を含んだ食料や水が原因とされる。

0871 ✍ ★★
dioxin
[daɪɑ́:ksɪn]

名 ダイオキシン

＊ダイオキシン類は物質が燃焼する過程の副生成物として生じる。
微量でも強い毒性を持つ。

0872 ✍ ★★
microplastic
[máɪkrəʊplæstɪk]

名 マイクロプラスチック

＊人間が放出した微小なプラスチック片のこと。世界では年間最
大130万トンが流れ出し，日本周辺の海には世界平均の27倍の
量が存在する。

0873 ✍ ★★★
bioconcentration
[bàɪəʊka:nsntréɪʃn]

名 生物濃縮

＊低い濃度で溶存している物質が食物連鎖によって濃縮されてい
く現象を指す。

0874 ✍ ★★★
eutrophication
[jùːtrəfɪkéɪʃn]

名 富栄養化

＊富栄養化は，窒素やリンなどの水中の生き物にとって必要な栄
養素が，増え過ぎた状態のこと。アオコなどの異常増殖の原因
となる。

SDGs

0875 ✍ ★★
**Exclusive
Economic Zone
(EEZ)**

名 排他的経済水域

＊排他的経済水域とは，自国の沿岸から200海里の範囲を指し，
天然資源の開発や管理に関してその権利を優先的に持つことが
できる。

帰省しても家族に料理は作らない（単なる居候）　197

15 LIFE ON LAND

砂漠化や干ばつ，洪水の影響を受けた土地の回復や，森林の保全，さらに人間活動による生物多様性の破壊を阻止することを目標としている。陸地の生態系の持続可能な利用や，環境への悪影響を減らし，損失を取り戻すための努力が世界的に求められている。

0876 ☑ ★
deforestation
[dìːfɔ̀ːrɪstéiʃn]

名 ①森林伐採 ②乱伐

＊森林面積の減少の原因として，過剰な農地転用や非伝統的な焼き畑農業，燃料用木材の過剰な伐採などがある。

0877 ☑ ★★★
afforestation
[əfɔ̀ːrɪstéiʃn]

名 植林，緑化

＊失われた森林を元に戻すために，植林だけでなく環境に配慮した社会的にも公正なfairwood（フェアウッド）を利用することも選択肢の1つである。

0878 ☑ ★★
desertification
[dɪzɜ̀ːrtɪfɪkéiʃn]

名 砂漠化

＊砂漠化には干ばつや気候変動などの気候的要因と，過剰な放牧・耕作・森林伐採，生態系の許容限度を超えた人間活動などの人為的要因がある。

0879 ☑ ★
combat
[káːmbæt]

動 ～と戦う

◇ United Nations Convention to Combat Desertification (UNCCD) was established to **combat** desertification and mitigate the effects of drought by promoting global partnership.
（国連砂漠化対処条約は，グローバルパートナーシップを促進することで砂漠化に立ち向かい，干ばつの影響を軽減するために設立された。）

0880 ☑ ★★
deterioration
[dɪtìriəréɪʃn]

名 悪化

◇ Human activities cause **deterioration** of the natural environment.
（人間活動は自然環境の悪化の原因となる。）

対**amelioration**
[əmìːliəréɪʃn]

名 改善，向上

0881 ☑ ★
soil
[sɔɪl]

名 土壌

◇ **Soil** pollution is difficult to notice before it starts affecting the surroundings.
（土壌汚染はそれが周囲に悪影響を及ぼす前に気づくことが難しい。）

0882 ☑ ★★★
arable
[ǽrəbl]

形 耕作に適する

◇ The acreage of **arable** land in Japan is lesser than the world average.
（日本の耕地面積は世界平均よりも狭い。）

SDGs

0883 ☑ ★
dryland
[dráɪlənd]

名 乾燥地

◇ Various agricultural techniques were invented for farming in **drylands**.
（乾燥地での農業のための様々な農作技術が発明された。）

0884 ☑ ★★★
arid
[ǽrɪd]

形 （土地や空気などが）乾燥した，不毛の

◇ Crops are difficult to grow in **arid** regions.
（乾燥地帯で農作物を栽培することは難しい。）

0885 ☑ ★
barren
[bǽrən]

形 (土地が) 不毛の，耕作に適さない

◇ **Barren** desert areas are increasing due to human activities.
(人間活動によって不毛の砂漠地帯が増えている。)

0886 ☑ ★
biodiversity
[bàɪəʊdaɪvə́ːrsəti]

名 生物多様性

＊生物多様性は生態系・種・遺伝子といった様々な階層で考えられる。

0887 ☑ ★
extinct
[ɪkstíŋkt]

形 絶滅した

◇ Many species go **extinct** every day.
(毎日多くの種が絶滅している。)

0888 ☑ ★★
vegetation
[vèdʒətéɪʃn]

名 植生

◇ **Vegetation** maps are useful for environmental assessments.
(植生図は環境アセスメントにおいて役に立つ。)

0889 ☑ ★
wildlife
[wáɪldlaɪf]

名 野生生物，野生動物

＊野生生物の絶滅の主な原因は人間活動にあるとされる。

0890 ☑ ★★
invertebrate
[ɪnvə́ːrtɪbrət]

形 無脊椎の
名 無脊椎動物

＊哺乳類などの脊椎を持つ動物以外の動物のことを無脊椎動物と呼ぶ。無脊椎動物の方が圧倒的に種類は多い。

0891 ☑ ★★
coexist
[kòʊɪgzíst]

動 ①共存する ②同時に存在する

◇ Human beings must **coexist** with nature.
（人類は自然と共存しなければならない。）

0892 ☑ ★
persistent
[pərsístənt]

形 ①絶え間ない ②粘り強い，しつこい

◇ We should make **persistent** efforts to protect the natural environment.
（自然環境を守るためには絶え間ない努力が必要だ。）

0893 ☑ ★★
herbicide
[ɜ́:rbɪsaɪd]

名 除草剤

＊農薬の一種。雑草だけでなく土壌中の微生物や生物に対しても効果を持つため，過剰な使用は環境に影響を与える。

関**agrochemical**
[æ̀grəʊkémɪkl]

名 農薬

関**pesticide**
[péstɪsaɪd]

名 殺虫剤

SDGs

0894 ☑ ★★
genetic
recombination

名 遺伝子組み換え

＊遺伝子組み換え技術とは，ある種の遺伝子を他の種の遺伝子に組み込むことで，新しい形質を持った種を人工的に作ることを言う。

0895 ☑ ★★★
Anthropocene
[ǽnθrəpəsɪ:n]

名 人新世

＊ドイツ人化学者のパウル・クルッツェン氏によって考案された時代区分。人類が地球の生態系や気候に大きな影響を及ぼすようになった時代を指す。

16 PEACE, JUSTICE AND STRONG INSTITUTIONS

すべての人が司法へ平等にアクセスでき，実効的で責任ある制度の構築を目標としている。平和で公正な社会を築くためには，社会的弱者への暴力や虐待，権力者や行政による不正や搾取，組織犯罪やテロリズムなどの問題を解決する必要がある。これらの課題を法律や制度の整備によって解決し，よりよい国家や国際社会の構築を目指す。

SDGs

0896 ☑ ★★
peaceful coexistence

图 平和共存

＊異なる集団同士の対立を互いに認めつつも，争いを起こさずに共存するという考え方のことを指す。

0897 ☑ ★
intervene
[ìntərvíːn]

動 ①介入する ②仲裁する，調停する

◇ Several non-governmental organizations **intervened** to solve the conflict.
（紛争を解決するために複数のNGO団体が介入した。）

0898 ☑ ★
abolition
[æbəlíʃn]

图 廃止

◆ call for the **abolition** of the slave trade
（奴隷貿易の廃止を求める）

0899 ☑ ★
conscience
[kάːnʃəns]

图 ①良心 ②善悪の意識

◇ Every human has the right to freedom of thought, **conscience**, and religion.
（全ての人は思想や良心，宗教の自由に対する権利を持っている。）

0900 ☑ ★★★
animosity
[ænɪmάːsəti]

图 憎しみ，敵意，怒り

◇ Nothing comes out of **animosity**.
（憎しみからは何も生まれない。）

0901 ★★
asylum
[əsáiləm]

名 亡命，避難

＊亡命者と難民に定義的な差はないとされる。政治的な事情によって国外に逃亡する場合には亡命と呼ばれることが多い。

0902 ★
orphan
[ɔ́ːrfn]

名 孤児

＊孤児は戦争や内紛，エイズで親を亡くすなど様々な原因で生じる。

0903 ★★
bribery
[bráibəri]

名 賄賂，贈賄，収賄

＊賄賂等による腐敗は貧しい人々に影響があるだけでなく，持続可能な社会及び経済の発展の足かせとなっている。

0904 ★
corruption
[kərʌ́pʃn]

名 ①不正，汚職 ②腐敗

◇ **Corruption** among police is a serious problem.
（警察の汚職は深刻な問題だ。）

SDGs

0905 ★★
exile
[éksail]

動 〜を国外に追放する
名 ①国外追放 ②亡命者

◇ A corrupt politician was **exiled**.
（汚職を犯した政治家が国外追放された。）

0906 ★
torture
[tɔ́ːrtʃər]

名 拷問

＊拷問は，「公務員などが情報収集などの目的のために身体的，精神的に重い苦痛を故意に与える行為」と定義されている。

0907 ★★★
cyberbullying
[sáibərbʊliiŋ]

名 ネットいじめ，サイバーいじめ

＊SNSでの匿名性はいじめを助長しやすいとされる一方で，その匿名性を活かしていじめを告発しやすくする取り組みもある。

SDGs

0908 ☑ ★★
disarmament
[dɪsɑ́ːrməmənt]

图 ①軍縮；核兵器削減 ②武装解除

＊軍縮は国家の財政改善のために行われることもあるが，大量破壊兵器等から人類・人命を守るためにも必要とされる。

0909 ☑ ★★★
conscription
[kənskrípʃn]

图 徴兵，徴兵制

◆ abolish **conscription** after the war
（戦後に徴兵制を廃止する）

＊自らの良心や信念に基づいて兵役を拒否することを良心的兵役拒否と言い，その代替として非軍事の役務を用意している組織もある。

0910 ☑ ★
slaughter
[slɔ́ːtər]

動 虐殺する，殺戮する；屠殺する

◇ It is highly debatable whether it is necessary to **slaughter** animals for food.
（食物のために動物を屠殺することが必要かどうかは議論の余地が大きい。）

0911 ☑ ★★
genocide
[dʒénəsaɪd]

图 大量虐殺，集団虐殺

◇ **Genocide** is prohibited by international laws.
（大量虐殺は国際法によって禁じられている。）

0912 ☑ ★★★
homicide
[hɑ́ːmɪsaɪd]

图 殺人

＊murderは故意の殺人の意味だが，homicideは殺意の有無を問わず，正当防衛や過失致死などによる殺人も含む。

0913 ☑ ★★
hostile
[hάːstl]

形 ①敵対心を持った，敵意の ②反感を持った

◇ **Hostile** expressions will interfere with building good relationships.
(敵意のある表情は良好な関係性の構築を妨げる。)

0914 ☑ ★★★
human trafficking

名 人身売買，人身取引

＊人身売買には性的搾取や強制労働，臓器摘出などを目的としたものがある。

0915 ☑ ★★
organized crime

名 組織犯罪

＊技術の発達によって複雑化した国際的な組織犯罪は法の抜け穴を利用してくるため，国際的な規範づくりが重要とされる。

0916 ☑ ★★
counterproductive
[kàʊntərprədʌ́ktɪv]

形 逆効果の

SDGs

◇ The management reshuffle proved **counterproductive**.
(経営陣の入れ替えは逆効果だった。)

0917 ☑ ★
rebellion
[rɪbéljən]

名 ①（政府や権威者に対する）反乱，暴動 ②不信，反感

＊revolutionが成功に終わった革命を意味する一方で，rebellionは不成功に終わった反乱や暴動を意味することが多い。

0918 ☑ ★★
self-determination

名 ①民族自決（権） ②自己決定

＊民族自決とは，それぞれの民族は自らの運命を自らで決するべきだという考えを指す。

繁忙期明けの朝は，早朝バズーカでも起きる自信がない（眠気の勝利）

17 PARTNERSHIPS FOR THE GOALS

SDGsが示す持続可能な開発に向け，国境を越えたパートナーシップの活性化を目標としている。各国政府に限らず，市民社会，専門家，民間企業が結束し，資金や技術，貿易など全世界が関わる地球規模の課題を解決することが必要である。

0919 ☑ ★
sustainable
[səstéɪnəbl]

形 持続可能な

＊1987年の報告書『Our Common Future』で初めて「持続可能な開発」という概念が提唱された。

0920 ☑ ★
partnership
[pá:rtnərʃɪp]

名 協力，パートナーシップ

◆ build a solid **partnership**
　（強固な協力体制を築く）

0921 ☑ ★★★
remittance
[rɪmítns]

名 送金，支払額

◆ make an overseas **remittance**
　（海外に送金する）

0922 ☑ ★★
revitalize
[rì:váɪtəlaɪz]

動 ～を活性化する

◆ **revitalize** the local economy
　（地方経済を活性化する）

0923 ☑ ★★★
reciprocal
[rɪsíprəkl]

形 相互の，互恵的な

◇ The relationship between government and civil society is **reciprocal**.
　（政府と市民社会の関係は相互的である。）

0924 ★★
bilateral
[bàɪlǽtərəl]

形 ①二国間の ②左右の，両側の

＊二国間投資協定（BIT）はある国が他国で投資をする際の諸条件を規定するものである。

0925 ★★★
multilateralism
[mʌltilǽtərəlɪzəm]

名 マルチラテラリズム，多国間主義

＊多国間主義とは，1つの課題に対して，複数の国が協力して取り組むべきという考え方のことを言う。

0926 ★
multinational
[mʌltɪnǽʃnəl]

形 多国籍の

◇ **Multinational** cooperations are needed for sustainable development.
（多国間の協力は持続可能な発展のために必要である。）

0927 ★
Non-Governmental Organization (NGO)

名 非政府組織

＊活動するにあたり，政府や宗教団体とは異なる立場で国家干渉でないことを強調しており，主に海外を拠点に地球規模の課題に貢献している団体が多い。

SDGs

0928 ★
Non-Profit Organization (NPO)

名 非営利組織

＊活動する主な目的が利益でないことを強調しており，主に国内の課題に貢献している団体が多い。

0929 ★★
private diplomacy

名 民間外交

＊民間の力と政府の専門知識を融合して行う民間レベルの組織的な対外交流のこと。外交の対義語。

0930 ★
sanction
[sǽŋkʃn]

名 ①制裁 ②認可，承認

◆ impose economic **sanctions**
（経済制裁を課す）

美を求めているわけではないけど，綺麗だと言われれば嬉しい（鏡よ鏡…）

SDGs

0931 ☑ ★
dialog
[dáɪəlɔːg]

名 ①対話 ②（首脳同士の）会談

◇ A **dialog** was held between developed and developing countries.
（先進国と発展途上国の対話が行われた。）

＊英綴りはdialogue。

0932 ☑ ★
compromise
[ká:mprəmaɪz]

名 妥協，折衷案
動 妥協する

◇ UN chief called on each country to make **compromises** to tackle global warming.
（国連の最高責任者は地球温暖化解決に取り組むために各国に対して歩み寄ることを要求した。）

0933 ☑ ★
tolerate
[tá:ləreɪt]

動 ①〜を仕方なく許す ②〜を我慢する

◇ It is important to **tolerate** disagreements to keep peace within the society.
（社会の平和を保つためには意見の相違を許容することが重要である。）

0934 ☑ ★★
concede
[kənsíːd]

動 ①〜を（しぶしぶ）認める ②〜を譲る，譲歩する

◆ **concede** the right to strike
（ストライキの権利を認める）

0935 ☑ ★★★
task force

名 ①タスクフォース（TF） ②短期集中的特別任務遂行チーム

＊もともとは軍事用語である機動部隊の意味。近年は，様々な分野から適任の専門家を抜擢し，短期集中的に課題解決にあたる特別チームの意味で使用されることが多い。

0936 ★★★
concerted
[kənsə́:rtɪd]

形 協定された，多数により支えられた

◇ To balance supply and demand for reproductive health care, all member states should make **concerted** efforts.
（リプロダクティブヘルスケアにおける需要と供給のバランスを取るために，同盟国は協力して努力しなければいけない。）

0937 ★
implement
[ímplɪment]

動 (計画や契約) を施行する，実施する

◇ It is necessary to **implement** policies which empower the poor.
（貧しい人に力を与えるような政策を実施する必要がある。）

0938 ★★
mobilize
[móʊbəlaɪz]

動 ①(人や軍隊など) を動員する ②(新しい資源や技術) を使い始める

◇ The government **mobilized** human resources for economic development.
（政府は経済開発に必要な人的資源を動員した。）

SDGs

0939 ★★
ownership
[óʊnərʃɪp]

名 ①当事者意識 ②所有権

◆ have a sense of **ownership** over the plan
（その計画に対して当事者意識を持つ）

0940 ★★
preferential
[prèfərénʃl]

形 待遇の良い，優先の

◇ Low duties on imports are one example of **preferential** treatments in the least developed countries.
（関税の軽減はもっとも発展が遅れている国々に対して取られる優遇措置の一例である。）

現地でのナマの英語学習

■これなんて言う？リストを作ろう

　留学してすぐの頃，日常的な，ごく簡単な表現が思いつかなくて，あ——なんていうんだ！とストレスを抱えていました。Thank you.って言われて，You're welcome.ってみんな言ってないよね？　お菓子を買ってきて，オフィスメイトに「これ食べる？」って Do you eat this？じゃないよね，みたいな。**こういう時なんて言う？っていつでも聞ける友達**が一人いるといいですね。これなんて言う？リストはぜひお気に入りの**ノートにメモって肌身離さず持ち歩く**といいでしょう。便利表現リストが一つあれば，そのリストのフランス語版やドイツ語版，というように他言語のバージョンを作ると，英語以外の言語の習得にも役立ちます。

■お酒が飲める年齢になったら，友達とビールを飲みに行こう！

　英語が上達しやすい人と，しにくい人がいます。英語を完全な文で考えてからでないと，英語が口にしづらい，間違えるのが恥ずかしい，と思っていると，なかなか上達しません。日本語で考えてから英語に訳すのではなく，初めから英語で考える，というのは一見難しそうですが，お酒を飲むとそうでもありません。そのうち，日本語を経由するのがめんどくさくなってきて，思いついた順に，**英語で考えて，短い文で簡潔に話せる**ようになるでしょう。盛り上がってきたら，「あ——— 私もすっかり英語が上達したわ♪」と気分が良くなります。翌朝目が覚めたら，そうでもなかったことに気づきますが，楽しく飲んでリフレッシュしたし，今日もまた頑張ろう！！とやる気が出るでしょう♪

（稲垣紫緒［教員]）

地球社会市民として考えてほしいこと

　近年，世界中で「持続可能な開発」という言葉を耳にします。この本でも SDGs に対応すべく，地球規模の課題解決に必要な要素を取り上げてきました。次世代の人々が，自らの要求を満たす能力に制約することがないよう現代の開発を考えるという世代間倫理の視点からも重要性が理解できます。国連をはじめ，政府や大企業など様々な立場の人々が賛同し，一般人でも良い活動であると疑いなく認識している人も多いでしょう。しかし，本当にそうでしょうか。私たち人類が暮らす地球の資源が有限であるとしたら，開発を続け，且つ持続可能であり続けるというのは矛盾しないでしょうか。ここで問います，私たちが本質に向き合えているかということを。21 世紀の私たちが手にする当たり前の豊かさは，全て地球の資源から享受してきました。人口増加がピークを迎える 2050 年まで，開発の需要は高まる一方です。表面的な意味や印象だけで判断してしまえば，唐突に再生不可能な資源利用を止めるといったあまりに無謀な議論さえ起こってしまうのが現実です。極端な議論だけでは，理想論を超えることはできません。現代に生きる者の幸せの先に，次世代の繁栄があることを忘れてはいけないのです。ただその場合，人類が豊かに生き残るために資源を保護するといった人間中心主義に陥らないことも必要です。誰にとっても難しい問題だからこそ，国際的な共通認識として SDGs が役割を果たしてもいます。太陽系に唯一存在する生命居住可能な地球に住み続けるために，私たちは多様な側面から学び，議論を続けていくことが求められているのです。

（木村紗彩［学生］）

留 学

Scenes

Characters

Kai Tanaka（田中カイ）：留学にいく大学生。経済学専攻の2年生。

Bill（ビル）：留学先で会う男性。

Emma（エマ）：留学先で会う女性。カイとの関係は…。

Episode. 7

回帰の神殿

留　学

このセクションには，留学中に使える単語や表現が載っています。病院や観光など様々な実用的な場面が登場します。「学術分野」，「課題」から「場面」に視点を移し，より実践的な力を身に付けましょう。また，Did you know？では留学に役立つ豆知識を紹介しています。このセクションをマスターして，世界へ飛び立ちましょう！ ▼

Scene 1 ▷ Departure

Kai : Hello, I'd like to **check in** for my flight.

Officer : Okay, may I have your passport?

Kai : Here you are. May I have an **aisle seat**?

Officer : Yes, there are some available. I see you have
luggage to check in, but is there anything **fragile**
in it?

Kai : Nothing in particular.

Officer : Okay. Please place your bag on this scale. Here's
your **boarding pass**. There is a revised time for
your flight. It's **delayed** by 30 minutes.

カイ 「こんにちは。飛行機のチェックインをしたいです。」
係員 「かしこまりました，パスポートをお持ちですか。」
カイ 「どうぞ。通路側の席はありますか。」
係員 「はい，いくつか空いています。預けるお荷物があるようですが，壊れやすい物
は入っていませんでしょうか。」
カイ 「特にないです。」
係員 「わかりました。はかりにお荷物をお乗せください。こちらが搭乗券です。ご搭
乗の便に時間の変更があります。予定より30分遅れています。」

Words & Phrases

0941 ☑
check in

チェックインする

0942 ☑
aisle seat

（乗り物の）通路側の席

0943 ☑
fragile
[frǽdʒl]

形 壊れやすい

214

0944☑
boarding pass | 搭乗券

0945☑
delay | 動 ～を遅らせる 名 遅延
[dɪléɪ]

Other expressions

place and country of birth　出身地

date of expiration（パスポートの）有効期限

place of issue（パスポートの）発行地 ＊country of issueは「パスポートの発行国」

country of residence　居住地国

transfer [trænsfə́ːr]　動 乗り換える

foreign currency exchange　外貨両替

domestic flight　国内線　＊「国際線」はinternational flight

connecting flight　乗り継ぎ便

Did you know?【入国の流れ】

　まず機内で出入国カードや（必要な場合のみ）税関申告書を書く。国によって様式が異なる。滞在先を記入するところがあるため，ホテルや寮などの住所を事前に調べておくと良い。到着後は，一般的に以下のような流れになる。
①quarantine（検疫）
大体の場合，そのまま通過できるが，体調が思わしくない場合は申告する。
②immigration（入国審査）
海外へ行く場合，「non-resident（非居住者）」というところに並ぶ。旅券，入国カード，帰国用の航空券などの書類を掲示する。入国審査では滞在目的・期間・場所，何回目の来国か，最終目的地，同行者，職業等が聞かれる。
③baggage claim（荷物の受け取り）
④customs（税関）
一定額以上の現金や販売用の商品等を所持している場合には申告が必要になる。国によって項目が異なるので注意する。

留学

Scene 2 ▷ Arrival

Officer : Please fill out this **ED card** and **turn** it **in** at **immigration control**. If you have a **declaration form**, please follow the same procedure for it.

Kai : I see. Should I write the name of the university as my **accommodation**?

Officer : That will be fine. If you buy anything expensive, you will have to pay customs duty on it, so **keep** that **in mind**.

Kai : Okay. Thank you for your help.

係員 「こちらの出入国カードを記入し，入国審査場で提出してください。申告書もあれば同じ手続きをしてください。」

カイ 「わかりました。宿泊先は大学の名前を書けばよいのでしょうか。」

係員 「それで大丈夫です。高価なものを買うと，関税を払うことが必要になりますので，覚えておいてください。」

カイ 「はい。手伝ってくださってありがとうございます。」

留学

Words & Phrases

0946 ☑
ED card

出入国カード
＊Eはembarkation（乗船），Dはdisembarkation（下船）のこと。

0947 ☑
turn in

〜を提出する

0948 ☑
immigration control

入国審査

0949 ☑
declaration form

申告書

216

0950

accommodation 名 宿泊先
[əkɑ̀:mədéiʃn]

0951

keep ~ in mind ~を覚えておく

Other expressions

boarding gate　搭乗口

final call　最終搭乗案内

carry-on baggage　機内持ち込み荷物

check-in baggage　預け入れ荷物

certificate [sərtífikət]　名 証明書

fingerprint authentication　指紋認証
＊「生体認証」はbiometrics authenticationと言う。

thumb [θʌm]　名 親指

forefinger [fɔ́:rfiŋɡər]　名 人差し指　＊index finger, pointer fingerとも言う。

Did you know?【乗り継ぎの注意】

①乗り継ぎ所要時間に最低2, 3時間のゆとりをもって予約する

急なトラブルや天候の影響で到着時間が遅れることもあるため。初めて行く空港の場合，特に注意する。

②乗り継ぎの搭乗券をもらえるのは出発時か乗り継ぎ時かを確認する

別の航空会社を使った場合や，同じ航空会社でも出発地で搭乗券をもらえなかった場合には，乗り継ぎの際に自分が利用する航空会社の乗り継ぎカウンターに行き，チェックインする必要がある。

③荷物の預け直しが必要かどうか確認する

別の航空会社で予約した場合や，国内線に移動になる場合は，いったん荷物を取り，預け直す必要のあることが多い。

留学

Scene 3 ▷ Meeting Someone

Bill: Hi. **Are you new here? May I have your name?**

Kai: Yes. I'm Kai. I'm from Japan.

Bill: I see. I'm Bill, and I study economics at this university.

Kai: **What a coincidence!** I'm **majoring in** economics as well, and I'm a **sophomore**.

Bill: Then, I guess we're classmates! **Let me know if you ever need a hand.**

Kai: Thanks! **It was a pleasure meeting you.**

ビル「こんにちは。新しく来られた方ですか。名前を聞いてもよいですか。」
カイ「そうです。僕はカイです。日本から来ました。」
ビル「なるほど。僕の名前はビルで，この大学で経済学を勉強しています。」
カイ「偶然ですね！僕も経済学を専攻していて，2年生です。」
ビル「じゃあ僕たちはクラスメイトだ！何か困っていることがあれば知らせて。」
カイ「ありがとう！君に会えて嬉しいよ。」

Words & Phrases

留学

0952☑
Are you new here?

新しく来られた方ですか。

0953☑
May I have your name?

お名前を伺ってもよろしいでしょうか。

0954☑
What a coincidence!

何て偶然だ！

0955☑
major in ～

～を専攻する

0956 ☑
sophomore | 名 大学2年生
[sάːfəmɔ̀ːr]

0957 ☑
Let me know if ～. | もし～なら知らせてください。

0958 ☑
It was a pleasure meeting you. | あなたに会えて嬉しいです。

Other expressions

Glad to meet you. 初めまして。

be raised in ～ ～で育つ ＊grow up inとも言う。

freshman [fréʃmən] 名 大学1年生

junior [dʒúːniər] 名 大学3年生

senior [síːniər] 名 大学4年生

(post)graduate (student) 名 大学院生

＊「修士課程」はmaster's course,「博士課程」はdoctoral courseと言う。

I'm doing a master's degree in ～. ～で修士号を取ろうとしています。

留学

Did you know? 【Thank you. に対する返答】

・No problem.（問題ないよ。）

・It's okay.（いいよ。）

・No worries.（心配ないよ。）　＊日本語の「大丈夫だよ」に近い表現。

・Anytime.（どういたしまして。）

＊「ちょっとしたことならいつでも手伝うよ」というニュアンス。

・You're welcome.（どういたしまして。）

・My pleasure.（どういたしまして。）　＊とても丁寧な表現。

・Sure.（もちろん。）　＊一番カジュアルで気軽な表現。

Scene 4 ▷ Getting to Know Each Other Better

Bill : **How do you like it** here **so far?**

Kai : I'm really enjoying my stay. Can I ask what you usually do in your free time?

Bill : When I have spare time after school, I work out. **I spend my days off** preparing for classes. **This is off-the-topic, but what brought you here?**

Kai : My university offered a **decent scholarship**. I also wanted to **widen my horizons**.

Bill : I see. I hope you can **get the best out of** your stay.

Kai : Thanks. I'm **counting on** you.

ビル 「ここに来てからどう？」

カイ 「とても楽しいよ。ビルは暇なときは普段何をしているか聞いてもいいかな？」

ビル 「大学の後に時間があるときは体を鍛えているよ。休みの日は授業の準備をしている。話は変わるけど，なぜここに来ようと思ったの？」

カイ 「僕の大学がなかなかいい奨学金を用意してくれたんだ。それに視野をもっと広げたくてね。」

ビル 「なるほど。充実した留学になるといいね。」

カイ 「ありがとう。君を頼りにしているよ。」

留学

Words & Phrases

0959 ☑
How do you like it so far? | 今のところどんな感じですか。

0960 ☑
I spend my days off ～ . | 休日は〜をして過ごしています。

0961 ☑
This is off-the-topic, but ～ . | 話は変わるけど，〜。

220

0962 ☑
What brought you here?　あなたはなぜここに来ようと思ったのですか。

0963 ☑
decent
[dí:snt]　形 きちんとした，なかなかの

0964 ☑
scholarship
[skɑ́:lərʃip]　名 奨学金

0965 ☑
widen one's horizons　視野を広げる

0966 ☑
get the best out of ～　～を上手く活用する

0967 ☑
count on ～　～を頼りにする

Other expressions

How do you use your spare time?　時間があるときは何をしますか。

I am into ～.　私は～にはまっています。

Same here.　同じく。　＊Likewise.とも言う。

Did you know?【大学生の授業後の過ごし方】

　海外の大学生は授業が終わったら，勉強やバイト，クラブ活動，ボランティア活動をして過ごしたり，友達と一緒に過ごしたりと日本の大学生とほとんど変わらない過ごし方をしている。海外の大学では公式にその大学を代表する部活やサークルがあり，学内で部活やサークル同士の競い合いも行われる。

留学

Scene 5 ▷ Asking for Help at University

Professor : If anyone is **stuck** on a problem, don't **hesitate** to ask.

Kai : Excuse me, but **may I have** some of **your time?**

Professor : **Sure thing**, Kai. **What's up?**

Kai : I couldn't follow this part of the lecture. **Can you guide me through** it?

Professor : **It's nothing.** Let's try **step by step**.

教授「もし問題に行き詰っていたら，遠慮なく私に聞いてください。」

カイ「すみませんが，少しお時間いただいてもよろしいでしょうか。」

教授「もちろんです，カイ。どうしましたか。」

カイ「授業のこの部分がわからなかったです。教えていただけますか。」

教授「問題ないですよ。少しずつやっていきましょう。」

Words & Phrases

0968 ☑
stuck
[stʌk]

形 行き詰まった，先に進めない

0969 ☑
hesitate
[hézɪteɪt]

動 遠慮する，ためらう

0970 ☑
May I have your time?

お時間を頂けますか。

0971 ☑
Sure thing.

もちろん。

0972 ☑
What's up?

どうした？
＊カジュアルな表現

0973 ☑
Can you guide me through ~? | ～を教えてくれますか。

0974 ☑
It's nothing. | 大したことではありません。

0975 ☑
step by step | 少しずつ，一歩ずつ

Other expressions

be bogged down at [in]　～に行き詰まる

feel free to ~　遠慮なく～する

By all means.　もちろん［ぜひ］。

You bet.　もちろん［いいとも］。

couldn't catch what ~ said　（人）が言ったことを聞き取れなかった

one by one　1つずつ

day by day　1日ずつ

little by little　少しずつ，徐々に

on and on　休まずに，延々と

留学

Did you know?【海外の大学】

　海外の大学では，学生は日本よりも積極的に質問や発言をする。授業中に発言するかどうかが成績に大きく関係する授業も多く，発言をするためにはもちろん予習が必要である。また，課題は日本の大学よりも頻度が高く，非常に時間がかかる。アメリカの大学では履歴書に成績を載せるのが一般的であり，就職活動をする際に成績が悪ければ，企業に相手にされないことが多い。そのため，アメリカでは多くの学生が授業に熱心に取り組む。

Scene 6 ▷ Eating at Your Homestay

Kai : This looks delicious!

Host mother : This is a **signature dish** of our country. It is cooked chicken with a traditional sauce on top.

Kai : **Does** this sauce **have any traces of** corn**?**

Host mother : Yes, corn is a **staple** in many dishes, so it is commonly used.

Kai : I've also got the feeling that it has pumpkin in it, too.

Host mother : Indeed, it does. This dish contains a lot of **veggies**.

Kai : This must be **easy on the body**. Thanks for the meal!

Host mother : **Dig in!** I've prepared plenty.

カイ	「これは美味しそうです！」
ホストマザー	「これは私たちの国の代表的な料理よ。鶏肉のうえに伝統的なソースがかかっているの。」
カイ	「ソースにとうもろこしは含まれていますか。」
ホストマザー	「そう，とうもろこしは多くの料理に欠かせないものだから，よく使われているわ。」
カイ	「かぼちゃも入っている感じがします。」
ホストマザー	「入っているよ。この料理は野菜を多く含んでいるの。」
カイ	「体にやさしい料理に違いありませんね。作ってくれてありがとうございます！」
ホストマザー	「どうぞ食べて！たくさん用意したわよ。」

留学

Words & Phrases

0976 ☑

signature dish | 代表的な料理

0977 ☑
Does ~ have any traces of … ?

~に…は入っていますか。

0978 ☑
staple
[stéɪpl]

名 (主食となる) 食物，(料理などに) 欠かせない要素

0979 ☑
veggie
[védʒi]

名 野菜
＊vegetableの省略。やや子供っぽい表現。

0980 ☑
easy on the body

体にやさしい

0981 ☑
Dig in!

どうぞ召し上がって！

Other expressions

digest [daɪdʒést]　動 ~を消化する

yummy [jʌ́mi]　形 おいしい

Did you know?【海外の伝統行事】

〇**Halloween（ハロウィン：アメリカ）**
10月31日。学生は仮装をしてパーティーに行く。子供たちは仮装をして家をまわり，「Trick or treat!（お菓子をくれないといたずらするぞ）」と言ってお菓子をもらう。

〇**Thanksgiving Day（感謝祭：アメリカ）**
11月の第4木曜日。移民が始まったばかりのアメリカで，移民たちが新しい土地での収穫を祝ったのが起源。家族や親戚と集まりターキーを食べる。

〇**Black Friday（ブラックフライデー：アメリカ）**
Thanksgiving Dayの翌日の金曜日。ショッピングモールではセールが行われる。

〇**Easter [Resurrection Sunday]（復活祭）**
春分の日の後の最初の満月の次の日曜日。新約聖書で書かれるresurrection of Jesus（イエス・キリストの復活）を祝う。家族で祝う大事な日である。

留学

Scene 7 ▷ Using the ATM

Kai : Excuse me, where can I **withdraw** money at the university?

Emma : There's an ATM over there. Have you **made contact with** a bank to open an **account**?

Kai : Yes, I have. I did it yesterday, actually.

Emma : Then, you just need to enter your card and **PIN**. Oh, you're the **new face**, Kai, from Japan!

Kai : Yeah, I am. I guess my name has been **going about**, huh. Could we exchange numbers? I would like to make many friends while I'm here.

Emma : Sure! My name is Emma. Nice to meet you.

Kai : You, too!

カイ 「すみません。大学内のどこでお金を引き出せますか。」

エマ 「あそこにATMがありますよ。銀行に連絡して口座を開きましたか。」

カイ 「はい。実は昨日しました。」

エマ 「じゃあ，カードと暗証番号を入れるだけですね。あっ，君は日本から新しく来たカイね！」

カイ 「そうです。私の名前が出回っているみたいですね。もしよろしければ，電話番号を交換しませんか。ここにいる間，友達をたくさん作りたいと思っています。」

エマ 「もちろん！ 私の名前はエマだよ。よろしくね。」

カイ 「こちらこそ！」

留学

Words & Phrases

0982 ☑
withdraw
[wɪðdrɔ́ː] | 動 ～を引き出す

0983 ☑
make contact with ～ | ～と連絡をとる

226

0984
account
[əkáʊnt]

名 口座

0985
PIN
[pɪn]

名 暗証番号

0986
new face

新入り，新しく来た人

0987
go about

出回る

Other expressions

withdrawal [wɪðrɔ́ːəl] 名 (預金の) 引き出し；引き落とし

transaction [trænzǽkʃn] 名 振り込み

balance [bǽləns] 名 残高

check [tʃek] 動 〜を照合する 名 小切手

savings [séɪvɪŋs] 名 貯金

dispense amount 引き出し金額

留学

Did you know? 【海外でのお金の取り扱いの注意】

・クレジットカードは予備も含め2枚持っておくと安心できる。クレジットカードはホテルなどの予約の際に身分証明書の役割も果たしてくれる。

・多額の現金を持ち歩かない。リュックサックやズボンの後ろポケットに財布を入れていると気付かないうちに取られてしまうことがある。現金は必要最低限を持ち歩き，ズボンのポケットには財布を入れず，バッグは，特に電車等では自分の前で持つようにする。

・デビットカードは広く利用可能なので持っておくと便利である。クレジットカードのように買い物をしたり，現地の提携ATMから口座出金として現地通貨を引き出したりできる。口座から即時引き落とされるため，使いすぎを防ぐこともでき，現地のATMから引き出しても手数料や利息が抑えられる。

Scene 8 ▷ Directions and Transportation Systems

Kai : Can you tell me the way to the **ticket counter** for the train?

Stranger : Sure. It **is located** near the gate. Go straight and turn left at that corner; you will see it **on your right**.

Kai : Thanks. Do you know how much the fare is?

Stranger : What's your **destination**?

Kai : Oh, I'm **heading to** Central Park.

Stranger : It should be around 4 dollars.

Kai : Okay, thank you for your help!

カイ　「電車の切符売り場への行き方を教えてくれますか。」

通行人「もちろん。改札の近くにあります。ここをまっすぐ行って，そこの角を左に曲がってください。そうすると，右手に見えます。」

カイ　「ありがとうございます。運賃はいくらかご存知ですか。」

通行人「目的地はどこですか。」

カイ　「あっ，セントラルパークに行くところです。」

通行人「4ドルぐらいだと思います。」

カイ　「わかりました，ありがとうございます！」

Words & Phrases

0988 ☑
ticket counter | チケット売り場

0989 ☑
be located | 位置する

0990 ☑
on one's right [left] | 右［左］側に

0991
destination
[dèstɪnéɪʃn]

名 目的地

0992
head to ~

~に向かう

Other expressions

Can you tell me how to get to ~?
　　　　　　　　　~に行くにはどのようにすればよいでしょうか。

Will this bus go to ~?　このバスは~に行きますか。

Where can I purchase tickets?　チケットはどこで買えますか。

Which line do I need to ride in order to go to ~?
　　　　　　　~に行くためにはどの路線に乗ればよいでしょうか。

day pass　1日乗車券

single ticket　片道切符

return ticket　帰りの切符

round trip ticket　往復切符

Did you know?【便利なICカード】

　ICカードを持っていると，現金を使うことも少なくなり，交通機関の乗り換えもスムーズにいく。また，海外のICカードは割引制度も整っている。
○**T-money（ソウル）**
コンビニや駅内の券売機などで購入できる。ストラップ型とカード型があり，キャラクターやK-popアイドルとのコラボデザインもある。
○**Opalカード（シドニー）**
コンビニ，観光案内所，駅で購入できる。発行手数料はなく，割引制度が充実している。オーストラリアのニューサウスウェールズ州内の交通機関で使える。
○**Oysterカード（ロンドン）**
駅の券売機で購入できる。セントラル・ロンドン内の片道料金は半額になるなどの割引制度が充実している。

留学

Scene 9 ▷ Texting a Friend

Emma : Hey, was wondering if u wanted 2 **stroll around** the tourist spots this weekend.

Kai : Great! **It would be great if** u could **show** me **around!**

Emma : **Np**. **Dw** about looking up famous areas cuz I **have** them all **in my head**.

Kai : Thnx! Am excited 4 it! I **gtg**, **ttyl**!

エマ「ねぇ，今週末，観光スポットをぶらぶらしない？」
カイ「いいね！案内してくれたらうれしい！」
エマ「問題ないよ。行く場所は頭の中に入っているから有名どころは調べなくても大
　　丈夫だよ。」
カイ「ありがとう！めっちゃ楽しみ！そろそろ行かないと，また後で話そう！」

Words & Phrases

0993
stroll around | 〜を散策する，ぶらぶらする

0994
It would be great if 〜 . | 〜であればありがたいです。

0995
show 〜 around | （人）を案内する

0996
np (No problem.) | 問題ないよ。

0997
dw (Don't worry.) | 心配しないで。

0998 ☑
have ~ in one's head | 頭の中に~が入っている，わかっている

0999 ☑
gtg (got to go) | もう行かなきゃ

1000 ☑
ttyl (talk to you later) | また後で話そう

Other expressions

u	代名詞のyou
2	不定詞のto
cuz	接続詞のbecause
thnx	thanks
4	for
idk	I don't know.の省略
omg	oh my gosh [god] の省略　＊驚いたときに使用
lol	laugh out loudの省略　＊「(笑)」に相当する
nm	never mindの省略　＊「なんでもない」，「気にしないで」という意味

留学

Did you know? 【フォーマルなメールの書き方】

○件名
・Inquiry About ~ (~についてのお問合せ)
・Request for ~ (~のご依頼)
・Question Regarding ~ (~に関する質問)
○書き出しのフレーズ
・I am writing this e-mail to ask about ~.
　　　　　　　　(~についてお尋ねしたく，メールを書いております。)
・This mail is to inform you about ~.
　　　　　　　　(これは~についてお知らせするメールです。)
○結び
・SincerelyやSincerely yoursと書き，自分の名前を添える。

Scene 10 ▷ Hanging Out with a Friend

Kai : Hey Bill! Be careful, your **shoelace** is undone.

Bill : Thanks! Hey, are you free tonight? Want to **hang out** at the bar?

Kai :Sorry, **I will pass on that.** I don't want to get drunk because I have an essay to finish today.

Bill : OK, catch you tomorrow.

(*The next day, Bill calls Kai.*)

Bill : Hey Kai, I'm **skipping class** today. I **feel sluggish**... I think I'm **hungover**.

Kai : Oh, **that sucks.** Hope you get well soon!

Bill : Thanks, bro! **That means a lot.**

カイ 「やぁ，ビル！気をつけて，靴紐がほどけているよ。」
ビル 「ありがとう！そうだ，今夜，暇？もし暇なら一緒にバーに行かない？」
カイ 「ごめん，やめておくよ。今日終わらせなきゃいけないレポートがあるから，酔っぱらいたくないんだ。」
ビル 「わかった，また明日な。」
(翌日，ビルがカイに電話をかける)
ビル 「やぁ，カイ。今日は授業さぼるわ。体がだるい…。たぶん二日酔いだ。」
カイ 「あぁ，それは残念だね。お大事に！」
ビル 「ありがとう！気遣い，嬉しいよ。」

留学

Words & Phrases

1001 ⎙
shoelace
[ʃúːleɪs]

名 靴紐
＊lace＝紐，〜を紐で縛る

1002 ⎙
hang out

一緒に遊ぶ
＊playは子供っぽい響きがある。

1003 ☑
I'll pass on that. | やめておくよ。
*誘いを断る表現。

1004 ☑
skip class | 授業をさぼる

1005 ☑
feel sluggish | 体がだるい

1006 ☑
hungover | 形 二日酔いの
[hʌ̀ŋə́ʊvər] | *名詞はhangover

1007 ☑
That sucks. | 残念だ。
*suckは「〜を吸う」という動詞の意味もある

1008 ☑
That means a lot. | ありがたい [嬉しい]。

Other expressions

be under the weather　だるい，身体の調子が良くない

play hooky　さぼる

It sucks.　つまらない [最悪だ]。

suck at〜　〜が苦手である，下手である

留学

Did you know? 【「だるい」の表現方法】

- I feel weak.　　　　元気がなくてだるい状態を表す。
- I feel heavy.　　　　具合が悪くて体が重い状態を表す。
- I am dizzy.　　　　　具合が悪くて倒れそうな状態を表し，寝不足や
　　　　　　　　　　　お酒に酔ってくらくらするときに使う。
- I'm not feeling well.　体調が悪いときに使う最も一般的な表現。

Scene 11 ▷ Making a Reservation at a Restaurant

Kai : Can I make a reservation?
Waiter : Yes, **for how many** at what time**?**
Kai : May I **reserve a table** for two at 7:30 p.m.?
Waiter : Sorry, but it **is fully booked** at that time.
Kai : **What time is available?**
Waiter : Before 7 p.m. or after 9 p.m. is fine.
Kai : Then I would like to reserve a table for two at 6
    p.m. Do you allow takeouts?
Waiter : Yes, we offer **to-go boxes** for our customers.

カイ 「予約をお願いできますか。」
店員 「はい，何時に何名様でしょうか。」
カイ 「午後7時30分に2人でお願いできますか。」
店員 「申し訳ありませんが，その時間は予約で埋まっています。」
カイ 「何時なら空いていますか。」
店員 「午後7時よりも前もしくは午後9時以降なら大丈夫です。」
カイ 「それでは午後6時に2人で予約をお願いします。持ち帰りもできますか。」
店員 「はい，お持ち帰り用の箱を提供しています。」

留学

Words & Phrases

1009 ☑
For how many? | 何名ですか。

1010 ☑
reserve [book] | 席を予約する
a table

1011 ☑
be fully booked | 予約でいっぱいである

1012
What time is available?

何時が空いていますか。

＊At what time is a table available?のくだけた言い方。

1013
to-go box

お持ち帰り用の箱

Other expressions

appetizer [ǽpɪtaɪzər]　名 前菜

aperitif [əpèrətíːf]　名 食前酒

beverage [bévərɪdʒ]　名 飲み物

＊飲み物全般を指す。drinkも飲み物全般を指すが，お酒を指すことが多い

refill [ríːfɪl]　名 おかわり，詰め替え

Did you know?【レストランの予約】

①予約をしたい旨を伝える

（例）I'd like to make a reservation.

（予約をしたいのですが。）

②日時と人数を伝える

（例）A table for 2, at 7 p.m. tomorrow, please.

（2人用のテーブルで，明日の午後7時にお願いします。）

③自分の名前と連絡先を伝える

（例）This is Uchida speaking, my phone number is 〜.

（こちらはウチダです。電話番号は〜です。）

④お礼を言う

（例）Thank you very much. We are looking forward to it.

（ありがとうございます。楽しみにしています。）

留学

Scene 12 ▷ Sightseeing

Emma : You **won't believe your eyes**. Take a look at this view! The breeze feels good, too!

Kai : I'm **stunned**. It's incredible. Let's take a **selfie**!

(*After a while...*)

Emma : Let's head to the next spot. Where should we **stop by**?

Kai : Can we **make a pit stop** first? I want to **make a quick trip to** the restroom.

Emma : I might as well. I will come back **ASAP**.

Kai : **No need to rush. Take your time.**

エマ 「目を疑うと思うよ。この景色を見て！風も気持ちいい！」
カイ 「びっくりだね。信じられない景色だ。写真を撮ろう！」
(しばらくして…)
エマ 「次の目的地に向かいましょう。どこに行こうか。」
カイ 「先に休憩してもいい？ちょっとトイレに行ってくる。」
エマ 「私も行こうかな。すぐに戻ってくるね。」
カイ 「急がなくていいよ。ゆっくりで大丈夫。」

留学

Words & Phrases

1014☑ **won't [can't] believe one's eyes**	目を疑う，（目に映ることが）信じられない
1015☑ **stun** [stʌn]	動 ～を唖然とさせる，驚かせる
1016☑ **selfie** [sélfi]	名 自撮り写真

1017 ☑
stop by ～ | ～に立ち寄る

1018 ☑
make a pit stop | 休憩をとる
＊pit stopは「カーレースにおける修理や給油をする場所」が元の意味

1019 ☑
make a quick trip to ～ | さっと～へ行く

1020 ☑
ASAP | できる限り早く
＊as soon as possibleの略

1021 ☑
No need to rush. | 急ぐ必要はないよ。

1022 ☑
Take your time. | ゆっくりで大丈夫だよ。

Other expressions

take a glance at ～　～を一瞬見る

be (deeply) touched by ～　～に（深く）心打たれる

留学

Did you know? 【トイレを表す英語】

- toilet　「トイレの便座」という意味。
- restroom　公衆トイレの場合によく使う。
- bathroom　主に家にあるトイレのことを指す。
- washroom　手や体を洗う場所を指し，bathroomのニュアンスに近い。

「If you'll excuse me.（ちょっと失礼。）」というフレーズは，少し席を外したいときに使える。例えば，ちょっとおしゃれなレストランでお手洗に行きたくなった時に，「If you'll excuse me, I'll be back in a minute.」と言えたらスマートに聞こえる。

Scene 13 ▷ Eating at a Restaurant

Kai : Can you pass me a napkin?

Emma : Here you go. Thank you for **calling** me **over** to eat at this great restaurant!

Kai : We need to **get fresh air at times**. **Had a blast** with you!

Emma : So did I! You **eat like a horse**! You were **munching** so hard, haha.

Kai : I **can't help** it. **I'm crazy about** food.

カイ「ナプキンをとってくれない？」

エマ「どうぞ。今日はこんな素敵なレストランに呼んでくれてありがとう！」

カイ「たまには外に出ないとね。君と楽しい時間が過ごせたよ！」

エマ「私も！あなた，食欲旺盛だね。すごくいっぱい食べていたよ。」

カイ「どうしようもないんだ。食べることが好きなんだよ。」

Words & Phrases

1023 ☑
call ～ over | ～を招待する

1024 ☑
get fresh air | 外に出る
*「新鮮な空気を得る」という意味。

1025 ☑
at times | 時には

1026 ☑
have a blast | 楽しい時間を過ごす
*blastは「爆発，突風」という意味。

1027 ☑
eat like a horse | 大食いである，食欲旺盛である

1028 ☑
munch
[mʌntʃ]

動 ～をもぐもぐ食べる

1029 ☑
can't help ～

どうしようもない，～せずにはいられない

1030 ☑
be crazy about ～

～に夢中の

Other expressions

once in a while　ときどき，たまには

Check [Bill], please.　お会計お願いします。

＊アメリカはcheck，イギリスはbillを用いる。

Did you know?　【チップについて】

○**チップとは？**
日本でいうサービス料のようなもの。チップはサービス業に従事している人たちの重要な収入源である。

○**チップが必要な国の例**
アメリカ，イギリス，カナダ，フランス，メキシコ，エジプト，カタールなど。

○**どんな時に渡すのか**
ホテルでベッドメイキングをしてもらったときやホテルや空港で荷物を運んでもらったとき，レストランで食事をしたとき，タクシーに乗ったときなど。

○**チップの渡し方**
レストランの場合，食事代と同じタイミングで渡す。相場は食事代金の10％〜20％ほど。クレジットカードで支払う場合は，伝票にチップの金額を書く欄が設けられていることもある。ホテルのベッドメイキングの場合，アメリカの標準的なホテルではベッドサイドに2ドルほど置くのが一般的である。

留学

Scene 14 ▷ Big Changes in a Relationship

Kai : I'm going to **get** it **over with**.
(*Kai approaches Emma.*)
Emma : What's the matter?
Kai : Umm, this may be **all of a sudden**, but I **have a crush on** you.
Emma : **For real?** I'm **flattered**.
Kai : Would you like to **go out with me**?
Emma : **No way!** I've had the same feelings...hell yes!
Kai : **Awesome**! I hope to spend more time with you, Emma.
Emma : **Right back at you**, thanks!

カイ「もう当たって砕けよう。」
(カイがエマのところに行く)
エマ「どうしたの?」
カイ「あの…突然かもしれないけど, あなたのことが好きです。」
エマ「本当に?嬉しいわ。」
カイ「僕と付き合ってくれませんか。」
エマ「嘘でしょ!私も同じ気持ちだったわ…もちろん!」
カイ「やった!これからもっと君と一緒にいたいよ, エマ。」
エマ「そっくりそのまま返すわ, ありがとう!」

Words & Phrases

1031 ☑
get ~ over with | ~を(さっさと)終わらせる

1032 ☑
all of a sudden | 突然, 急に

1033 ☑
have a crush on ~ | ~に好意を抱く

1034☑ **For real?**	本当に？
1035☑ **flattered** [flǽtərd]	形 うれしい
1036☑ **go out with 〜**	（人）と付き合う
1037☑ **No way!**	まさか［嘘でしょ］！
1038☑ **awesome** [ɔ́:səm]	形 素晴らしい，すごい
1039☑ **right back at you**	そっくりそのまま返す

Other expressions

With pleasure.　喜んで。

go steady with 〜　〜と付き合っている

be drawn to 〜　〜に惹かれている

I'm serious.　本気だよ。

留学

Did you know?　【恋した時に使える表現】

・Will you go out with me ？（デートに行ってくれますか。）

・Can I ask you out on a date ？（デートをしてくれませんか。）

・I want you to go out with me.（付き合ってください。）

・I fell in love with you at first sight.（一目惚れしました。）

・I'm in love with you.（あなたに恋しています。）

・I love you from the bottom of my heart.（心の底から好きだよ。）

Scene 15 ▷ Shopping Date

Emma : **How does** it **look on me?**

Kai : You look **gorgeous**. **It suits you.**

Emma : Great! I think this **will do**. It's a little bit **pricey**, though.

Kai : **No worries. Let me handle it.**

Emma : Are you sure?

Kai : **Don't mention it. I'm here for you anytime.**

Emma : Thank you! At least, let me **chip in** some.

エマ「この服はどうかな？」
カイ「素敵だよ。君に似合うよ！」
エマ「やった！じゃあ，これにしようかな。少し高いけど…。」
カイ「心配しないで！僕に任せて。」
エマ「いいの？」
カイ「気にしないで。いつでも力になるよ。」
エマ「ありがとう！でも，せめて少しは払わせて。」

留学

Words & Phrases

1040 ☑
How does ~ look on me?

〜は私に似合いますか。

1041 ☑
gorgeous
[gɔ́ːrdʒəs]

形 美しい，素敵だ，華やかだ

1042 ☑
It suits you.

似合っているよ。

1043 ☑
~ will do

〜でよい
＊あるものに満足したときに使う

242

1044

pricey
[práisi]

形 お金がかかる，高価な

1045

No worries.

心配しないで。

1046

Let me handle it.

私に任せてください。

1047

Don't mention it.

気にしないで［お礼には及びません］。

1048

I'm here for you anytime.

いつでも力になるよ［いつでも側にいるよ］。

1049

chip in

お金を出す，寄付する

Other expressions

I'm just looking.　見ているだけです。＊店員に声をかけられたときに使う。

try on 〜　〜を試しに身につけてみる，試着する

Where's the fitting room?　試着室はどこですか。

I'll take it.　それをいただきます。

Did you know?　【ごちそうするときや割り勘をするときの表現】

・It's on me.（今日は私のおごりです。）
　＊気軽な「おごるよ。」というニュアンス。友人や後輩を誘うときに使える。

・It's my treat.（私がご馳走します。）
　＊treatには「もてなす」という意味があり，カジュアルな食事のときに使える。

・Let's split the bill.（割り勘にしよう。）

・Let's go fifty-fifty.（半々にしよう。）

服の感想は難しい（男子代表）　**243**

Scene 16 ▷ Something Suspicious

Bill: Hey Emma, look at that good-looking guy over there **hitting on** that **hot girl**.

Emma: **Are you kidding!?** What a **jerk**! That's Kai!

Bill: Let's **take it easy**. **You never know,** they may just be friends. Why don't we go check it out?

(*Emma and Bill approach Kai.*)

Emma: Hey Kai, **what have you been up to?**

Kai: Emma, great to see you here! Just chatting with my friend.

Emma: Oh okay, hope you have fun.

Bill: **I told you it wasn't a big deal.**

ビル「ねぇエマ，あそこの美人をナンパしているイケメンを見て。」
エマ「嘘でしょ？なんて最低なやつなの。あれカイじゃん！」
ビル「落ち着いて。わからないよ，ただの友達かもしれない。確かめようよ。」
(エマとビルがカイに近づく)
エマ「やぁ，カイ。何をしていたの？」
カイ「エマ，ここで君に会うとは！友達と話していただけだよ。」
エマ「へぇ，そうなんだ！楽しんで。」
ビル「大したことないって言ったでしょ。」

Words & Phrases

1050 ☑
hit on ～ | ～をナンパする

1051 ☑
hot girl | 美女，セクシーな女性

1052 ☑
Are you kidding? | 嘘でしょ？

244

1053

jerk
[dʒɜːrk]

名 最低なやつ

1054

take it easy

気楽に考える，落ち着く

1055

You never know.

わからないよ［どうだろうね］。

1056

What have you been up to?

何をしていたの？

1057

I told you ～.

～って言ったでしょ。

1058

It's not a big deal.

大したことではない。

Other expressions

run into ～　～に偶然出会う，遭遇する

bump into ～　～に偶然出会う

It's no bother.　大したことはない［お安い御用です］。

Did you know?　【否定形を使いこなす】

　日本語では，否定形は「～ではないと思う」と表現することが多く，I think he doesn't play the guitar.などのように表現してしまうことがあるが，英語ではthinkを否定して，I don't think he plays the guitar.などのように表すことが多い。また，英語にはI have no money.やThere are no problems.のように名詞を否定する表現方法もある。

Scene 17 ▷ Mistakes Were Made

Emma : Hey Kai, what's going on here?

Kai : Ohhh, hey Emma, well... how is it going...?

Emma : **Hold up! Don't you dare** hide anything from me.

Kai : ...Sorry, I have been **cheating on** you.

Emma : You think you can **hurt someone's feelings** that easily? I'm **freaking out**.

Kai : **Chill out**. I'm truly sorry.

Emma : **You are not sorry! I've had enough.** I am done with you.

エマ 「やぁ，カイ，ここで何が起こっているの？」
カイ 「あぁ，やぁ，エマ。ええと，最近どう…？」
エマ 「待って！絶対に私に隠し事をしないで。」
カイ 「…ごめん，浮気をしていた。」
エマ 「そんな簡単に他人の気持ちを傷つけていいと思うの？発狂しそうだわ。」
カイ 「落ち着いて。心の底から申し訳ない。」
エマ 「そんなこと思ってないでしょ！もううんざり。あなたとはもう終わりよ。」

留学

Words & Phrases

1059 ☑
Hold up.

待って［動かないで］。

1060 ☑
Don't you dare 〜.

決して〜しないで。

1061 ☑
cheat on

浮気する

＊cheat on a test で「テストでカンニングをする」という意味にもなる。

246

1062 ☑
hurt one's feelings | 〜の気持ちを傷つける

1063 ☑
freak out | 発狂する
＊他に「ビビる」、「怖がらせる」などの意味もある。

1064 ☑
chill out | 落ち着く

1065 ☑
You are not sorry. | 申し訳ないと思ってないでしょ。
＊怒ったときに使う。

1066 ☑
I've had enough. | もう十分だ［うんざりだ］。

Other expressions

I'm about to lose it.　発狂しそう。

Calm [Settle] down.　落ち着いて。

feel apologetic (for 〜)　（〜について）反省する

get fed up with 〜　〜にうんざりする

break up　別れる

留学

Did you know?【注意すべき英語の表現】

①I don't know.

「わからない」という意味だが，I don't care.という意味に捉えられ，興味がないと勘違いされてしまうこともある。単に答えがわからない，知識がないという意味ではI'm not sure. やI'm not familiar with this.などと答えるとよい。

②「Please＋命令文」

上からものを言っているように聞こえる可能性が高い。目上の人との会話やビジネスの場面ではCould you (possibly) 〜？などを用いるように心がける。

Scene 18 ▷ Procedures before Check-up at a Hospital

Kai : Hello, my name is Kai Tanaka. I have an appointment.

Reception : Hello, Mr. Tanaka. Is this your **first consultation**?

Kai : Yes, it is. I'm not feeling well, and I'm **running a high fever**.

Reception : I see. Can you fill out this **medical history form**? Also, do you have your **health insurance card** with you right now?

Kai : Yes, here you go.

Reception : Thank you. Let's take your temperature with this **thermometer** just in case. **Please be seated** over there.

Kai : Thank you.

カイ 「こんにちは。田中カイです。予約をしています。」

受付 「こんにちは，田中さん。今回は初診でしょうか。」

カイ 「そうです。気分が悪くて，高熱があります。」

受付 「わかりました。こちらの問診票を記入していただけますか。それと，健康保険証を今お持ちでしょうか。」

カイ 「はい，これです。」

受付 「ありがとうございます。念のため，この体温計で体温を測ってみましょう。あちらにおかけになってください。」

カイ 「ありがとうございます。」

留学

Words & Phrases

1067 ☑
first consultation | 初診

1068 ☑
run a high fever | 高熱を出す

1069 ☑
medical history form　問診票

1070 ☑
health insurance card　健康保険証

1071 ☑
thermometer
[θərmάːmɪtər]
图 体温計，温度計

1072 ☑
Please be seated.　どうぞおかけになってください。

Other expressions

follow-up consultation　再診

medical report　カルテ

appointment [əpɔ́ɪntmənt]　图 予約

blood pressure　血圧

internal medicine　内科

surgery [sə́ːrdʒəri]　图 外科

Did you know? 【海外で体調不良になった時】

　まずはホテルのフロントなどに相談をする。欧米はかかりつけ医からの紹介がないと，診察してもらえない場合がある。また，救急車は日本とは違って有料であり，海外での医療費は，思いがけず高額になることがあるため，短い滞在だとしても必ず海外旅行保険に入っておくべき。もし，軽度の体調不良であれば，大きなホテルや薬局にwalk-in clinicまたはconvenient careと呼ばれる予約なしで診察してくれるクリニックが併設されていることがある。海外に行くときは必ず常備薬と保険証を準備しておくことが大切である。

Scene 19 ▷ Being Examined at a Hospital

Doctor : Hello, Mr. Tanaka. You don't seem well and you have a high fever. Do you have any other **symptoms**?

Kai : Not really. I only feel really tired.

Doctor : Can you **pull up** your shirt and **breathe slowly**? We will also do a blood test.

(*After a while...*)

Doctor : Based on the results, **it's nothing major.** It seems you have a bad cold. I will write you a **prescription**. You can get your medicine at the **pharmacy** next door. **Take good care.**

Kai : Thank you very much.

医者 「こんにちは，田中さん。気分が悪くて高熱があるみたいですね。他に症状はありますか。」

カイ 「特にないです。とても疲れていると感じるだけです。」

医者 「シャツをめくってゆっくり呼吸してくれますか。血液検査も行います。」

(しばらくして…)

医者 「結果をみると，大したことなさそうです。おそらくひどい風邪かと思われます。処方箋を書きますね。隣の薬局でお薬をもらってください。お大事に。」

カイ 「ありがとうございます。」

留学

Words & Phrases

1073 ☑
symptom
[símptəm]

图 症状

1074 ☑
pull up

～を上げる

1075 ☑
breathe slowly

ゆっくり呼吸する

1076 ☑
It's nothing major. | 大したことはないです。

1077 ☑
prescription | 图 処方箋，処方薬
[prɪskrípʃn]

1078 ☑
pharmacy | 图 薬局
[fáːrməsi]

1079 ☑
Take good care. | お大事に。

Other expressions

strip [strɪp] 動 (服) を脱ぐ

turn one's back　背中を向ける

avoid hard exercise　激しい運動を控える

read the description　使用方法を確認する

urinary test　尿検査

electrocardiogram [ɪlèktrəʊkáːrdiəʊɡræm] 图 心電図

tablet [tǽblət] 图 錠剤

ointment [ɔ́ɪntmənt] 图 軟膏

Did you know? 【症状・病状を表す表現】

have a fever（熱がある），feel feverish（熱っぽい），have a sore throat（のどが痛い），have a headache（頭が痛い），have a stomachache（お腹が痛い），have a runny nose（鼻水が出る），feel dizzy（くらくらする），throw up [vomit]（吐く），be constipated（便秘である），have a diarrhea（下痢である），have no appetite（食欲がない），stuffy（鼻が詰まった），have a pollen allergy（花粉症である），have an allergy to ～（～にアレルギーがある）

Scene 20 ▷ Getting Back Together

Emma : Hey, **look who we've got**!

Kai : Hey Emma, I know I **messed up** but I want you to forgive me.

Emma : Why so?

Kai : I want to **get back together** with you. I **swear** I won't **make the same mistake**. Please **give** me **another chance**.

Emma : Fine, I will **let you off the hook**, but **there is no next time**.

Kai : Thank you, and I'm **sorry for all the trouble.**

エマ 「どちらさまでしょうね！」
カイ 「やぁ，エマ。僕がしくじったことは分かっているんだけど，許してほしい。」
エマ 「で？」
カイ 「僕は君と元の関係に戻りたい。同じ過ちを犯さないことを誓う。僕にもう一度チャンスを下さい。」
エマ 「わかった。今回は許すけど次はないからね。」
カイ 「ありがとう，迷惑をかけてごめんね。」

留学

Words & Phrases

1080 ☑
look who we've got

どちらさまでしょうね
＊皮肉が込められ，思わぬ誰かが訪れてきたときなどに使われる

1081 ☑
mess up

しくじる，失敗する

1082 ☑
get back together

もとの関係にもどる

1083 ☑
swear
[swer]

動 ～と誓う，断言する

1084 ☑
make the same mistake

同じ過ちを犯す

1085 ☑
give ～ another chance

もう一度～にチャンスを与える

1086 ☑
let ～ off the hook

～を許す
＊直訳すると「フック（釣り針など）から（人）を離す」

1087 ☑
There is no next time.

次はないよ。

1088 ☑
Sorry for all the trouble.

迷惑をかけてごめんね。

Other expressions

patch things up with ～　～とよりを戻す

I won't let you down.　あなたをがっかりさせないよ。

You have my word.　約束する。

This is your last warning.　次はないよ。

Did you know?　【フォーマルな謝り方】

・I apologize (for ～).　((～について) 謝罪します。)
・Please accept my apologies (for ～).
　　　(私の（～についての）お詫びをどうぞ受け入れてください。)
・I am truly sorry. (本当に申し訳ありません。)
　　　　　＊truly（心から）をつけることで謝罪の気持ちを強調できる。

Scene 21 ▷ Saying Goodbye

Kai : This will be my last time with you guys before I leave for Japan. Thanks to everyone, I was able to experience **the time of my life**. **Best of luck for your futures. I will never forget you** all.

Emma : We need to **stay in touch**. Message us when you are free.

Bill : I hope we **cross each other's paths** in the near future.

Kai : I **can't** express my **gratitude enough**. **I must be going.** Many thanks!

カイ 「これで僕が日本に帰る前の最後の時間になるね。みんなのおかげで僕は人生に一度きりの経験をすることができたよ。みんなの今後の幸運をお祈りします。みんなのことは絶対忘れないよ。」

エマ 「必ず連絡をとろうね。時間があるときにメッセージ送ってね。」

ビル 「近い将来、またどこかで会えたらいいね。」

カイ 「感謝を伝えきれないよ。もう行かないといけない。本当にありがとう！」

留学

Words & Phrases

1089 ✍

the time of one's life

人生に一度きり

1090 ✍

Best of luck for your futures.

幸運を祈る。

1091 ✍

I will never forget you.

私はあなたを決して忘れません。

1092 ☑
stay [keep] in touch (with ～) | （～と）連絡を取り続ける

1093 ☑
cross each other's paths | またどこかで会う，再会する

1094 ☑
can't ～ enough | ～しきれない

1095 ☑
gratitude
[grǽtɪtuːd] | 图 感謝の気持ち

1096 ☑
I must be going. | もう行かないといけない。

Other expressions

reunite [riːjunáɪt]　動再会する
- -
It's been real.　会えてよかったです。
- -
Farewell!　さようなら！
- -
May all your dreams come true.　あなたの夢がすべて叶いますように。
- -
Do well!　元気でね！
- -
Gotta fly!　行かなきゃ。
- -

留学

Did you know? 【留学する日本人の数】

　留学する日本人の数は，2009年は短期留学を含めて約3万6000人であったが，2017年になると約10万5000人に増加している（日本学生支援機構の調査より）。国が世界を舞台に活躍するグローバル人材の育成を目的に留学交流を促進していることが，留学者数の増加につながっていると考えられる。留学者数が増加していることで，留学経験者からのアドバイスをもらえる機会が増え，安心して留学できることにつながっている。手軽な短期留学のプログラムも増えており，挑戦しやすい環境が整っている。

自転車に乗って

　ネイティブのようにペラペラ英語が話せるようになりたい。そう憧れる人は多いと思います。日本に生まれて，日本で育って，そんなの絶対に無理なんじゃないか，と思うかもしれません。例えば，自分の研究について発表したり，外国人の研究者と議論できる研究者はたくさんいます。しかし，国際会議の後の夕食会で，政治や経済，スポーツなどの話題についていこうと思うと，なかなか難しいものです。ちょっと見方を変えてみると，**ある限られた分野の話題について「ペラペラになる」のはそんなに難しいことではない**，とも言えると思います。

　英語で思ったことが話せる「得意分野」はどうやって選んだらいいでしょうか？　例えば，野球が好きだったら，好きな球団をひとつ選んで，MLB の HP でその球団の選手データを見てみる。野球の単語リストを作って，NHK の MLB の試合中継を副音声で聞いてみる。映画が好きだったら，映画を繰り返し見る。お気に入りのセリフをリストにしてみる。好きな映画の原作を読んでみる。映画の有名なデータベースサイト（https://www.imdb.com/）で，好きな俳優の経歴や過去の出演作を見てみる。何かひとつ，**これだったら英語で 10 分話せる**，と自信を持って言えるものを見つけてみませんか？

　英語に継続的に触れる，というのが英語上達の大前提ですが，一人でネットの記事を読んでいるだけでは，スピーキングやリスニングは上達しないでしょう。しかし，留学しないと上達しないか，というとそうでもありません。耳から音声を聞いて，口から英語を出す，というトレーニングは家で一人でもできます。単語を知っていても聞き取れないのは，その単語が「どう聞こえるか」知らないからでしょう。**「どう聞こえるか」を知っていれば，「そう聞こえるように発音する練習」ができる**はずです。毎日自分の好きな内容のものを，英語で繰り返し聞く。内容が分かっていて，原稿があるとなおよいでしょう。さらに，**1 日 1 回は口から英語を発することを心掛けましょう。**興味のある分野の本や映画の脚本，勉強関係だっ

たら普段読んでいる教科書や論文などでもいいと思います。

「英語を勉強する」「少しでも高い点を目指す」というのを楽しめる人もいるかもしれませんが、たいていの場合は苦行と感じるのではないかと思います。「**英語で学ぶ（自分の好きな）こと**」があれば、**英語に触れる時間は自然と増えて**いって、おのずと語彙も増えるでしょう。「英語で学ぶ」ことによって、英語でしか得られない情報を得ることができ、**学ぶ楽しさを実感**できるのではないかと思います。よく言われることですが、語学は単なる「ツール」でしかありません。「英語を勉強する」のは、部品を集めて自転車を組み立てているようなものだと思います。どこか行きたいところがあって、外に出かけて初めて、**自転車がなければ見られなかった景色が見える**。できなかった経験が可能になる。思いもかけないチャンスが巡ってくるのではないでしょうか。

あらゆるシーンでペラペラになる必要はないのです。初めは得意な分野がひとつでも、少しずつ興味を広げていって、得意な分野をひとつずつ増やしていけば、気が付いたら遠くまで見渡せるほど、景色のいいところまで来ているかもしれませんね。

（稲垣紫緒［教員］）

257

代表的な発音記号早見表

子音（consonants）

s	see [siː], sing [sɪŋ]
z	zoo [zuː], busy [bízi]
ʃ	she [ʃi], shoe [ʃuː]
ʒ	pleasure [pléʒər]
tʃ	chain [tʃeɪn]
dʒ	joy [dʒɔɪ]
θ	thing [θɪŋ]
ð	this [ðɪs], they [ðeɪ]
ŋ	bring [brɪŋ], king [kɪŋ]
j	year [jɪr], you [jə]
g	give [gɪv], good [gʊd]

単母音（simple vowels）

ʌ	public [pʌ́blic], up [ʌp]
ə	again [əgén]
æ	cat [kæt], bad [bæd]
ɪ	sit [sɪt], lid [lɪd]

二重母音（diphthongs）

aɪ	guide [gaɪd], eye [aɪ]
eɪ	pay [peɪ], take [teɪk]
aʊ	how [haʊ], out [aʊt]
ɔɪ	boy [bɔɪ], coin [kɔɪn]

長母音（long vowels）

uː	blue [bluː], cool [kuːl]
ɑː	arm [ɑːrm], car [kɑːr]
ɜː	learn[lɜːrn]
ɔː	call [kɔːl], fall [fɔːl]

強勢（アクセント）

アクセント記号のある音節を強く（長く）発音する。

Chi-ca-go [ʃɪkɑ́ːgəʊ]

Mc-Don-alds [məkdɑ́ːnldz]

強勢の位置で意味が変わることもある。

sus-pect

[sʌ́spekt]（名詞）サスペクト

（容疑者）

[səspékt]（動詞）サスペクト

（～を疑わしく思う）

母音・子音の発音も大事だが，正しく強勢を置かないと通じないこともあるので，普段から気を付けよう。

コアメンバーより

「お家に眠る単語帳にはしたくない」という思いで作った英単語帳です。単語の選定からレイアウトまで，飽きずに学べるよう，とことんこだわりました。学術・SDGs論文を読む際や，留学先で手元においておきたい単語帳になったと思います。心強い相棒『ワードクエスト』と一緒に，たくさん冒険してください！
(清原透子)

言葉を覚えることによって，世界は広がります。世界の物事の多くは英語で記されており，英語を通して私たちは世界を知ることができるのです。英語の中には，まだまだ日本語に訳されていないものもあります。みなさんには，この英単語帳を使って，新しい世界の入り口に立ち，さらなる発展の礎にしてほしいと願っています。
(清水孟彦)

英語は様々な場面において非常に便利なツールです。単語や表現の意味はもちろん，使い方までしっかり理解できればそれらを実践できるようになり，可能性が大きく広がります。英語の学習は私たちの生活をより豊かにできると思いますので，この英単語帳を通してみなさんに多くの知識を楽しく身に付けてもらいたいです！
(中濱佑希)

私はもともと英語には苦手意識があり，単語を覚える作業にも苦痛を感じる，よくいる学生の一人でした。この英単語帳はそういった様々な英語学習者の思いをもとに作られています。細部にまで工夫が凝らされ，多くの人の協力があって完成したワードクエスト，ぜひお楽しみください。
(石川恵伍)

この英単語帳を作る前は，私自身もSDGsについてはほとんど知りませんでした。しかし，執筆していく中で調べ物をしているうちに世の中で何が起こっているのかを，またそれを知らない自分がいることに気づかさ

れ，興味や関心の幅を広げることにつながりました。この単語帳を読んで，知見を広げてもらえたら嬉しい限りです。　　　　　　　　（久松睦月）

　高校時代からなかなか自分に合う単語帳というものが見つかりませんでした。どうしても場所で覚えてしまう，単語テストでは取れてもテストや実生活ではなかなか使えない…。そんな悩みを抱えている人は多いはずです。単語帳を使っている人が抱えている悩みを解消できるように何回も話し合い作りあげた単語帳です。この単語帳を使って，楽しく英語を話す人が増えることを願っています。　　　　　　　　　　　　　（原竹さくら）

　この単語帳は，豊富なデータベースから頻出単語を抜粋して作り上げた「使える」単語帳です。しかし，学べることは英語だけではありません。英語を学びながら，世界で起きている様々な事象についての知識を得ることが出来ます。そして，その知識はきっとこれからの将来を豊かなものにしてくれるはずです。これまでの単語帳では満足できていない方にぴったりな，一歩先を行く単語帳を是非多くの方に読んで欲しいです。

（石橋温美）

　大学で英語にふれるなかで，感じることがあります。それは，実世界の英語は無限だということ。出題範囲もなければ，英語の全容をつかむこともままならない。英語の力をつけたいけれど，どこから手を付けたら良いのか分からないから，焦ってしまいます。はじめの一歩が一番難しい。それならば，この単語帳から始めてみてはいかがでしょう。この単語帳を手に取る全ての方が，英語学習のはじめの一歩を踏み出せますように。

（重永日向子）

　この単語帳は，学びへの扉を開くための最初の鍵となる単語を集めたものになっています。専門を深めれば深めるほど計り知れない数の言葉の波に何度も何度も晒されることになるでしょう。それを乗り越えるための最初の冒険書がこの本となっています。さらなる学びに向けた初期装備とし

て，多くの人に手に取ってもらえたら，幸いです。　　　　　　　（筒井優菜）

　私達大学生が英単語帳を作る意味，それは英単語帳を使う側の目線に立ち，彼らに必要とされる英単語帳を作ることだと考えています。学生の役に立つ英単語や分かりやすい例文の作成，読みやすいレイアウトや可愛いイラストなど，試行錯誤し完成させました。最後になりますが，この本でぜひ課題解決への道を切り開いてください。　　　　　　　　（Lee Ken Ji）

　日常生活において英語に触れる場面は多く，私自身，英語の習得によって知見が広がることを日々感じています。この単語帳は学術・SDGs・留学のセクションに分かれており，皆さんの英語学習が質の高いものになるよう充実したラインアップとなっています。より多くの方に，この本を手に取っていただけたら幸いです。　　　　　　　　　　　　（宮本佳奈）

　世界や社会のコミュニティ，そして私たち人間のことを知ること。それは，"言葉"を知るというところから始まると私は思います。『ワードクエスト』には，皆さんがこれからの社会で夢を摑み，世界とつながって生き抜くために必要な知識を"言葉"として表現しました。『ワードクエスト』が，皆さんにとって何か人生のきっかけになるものであれば幸いです。

（木村紗彩）

　言葉に対して，「伝わればいいじゃん。」「なんとなくわかればいい。」そう言ってしまえばそこまでですが，新しい言葉を知るということは，それが母語であるかどうかは関係なく，自分の伝えたいことをより正確に伝え，相手の伝えたいことをより正確に受け取る道具を増やすということだと思います。この単語帳で新しい言葉をたくさん知ってください！

（中間結女）

参考文献・ウェブサイト

AFPBB NEWS（https://www.afpbb.com/）
Afratoun International（https://www.aflatoun.org/）
AGRI JOURNAL 農業が日本を元気にする（https://agrijournal.jp）
ALIVE（http://www.alive-net.net/）
American Geophysical Union（https://www.agu.org/）
API-Net（https://api-net.jfap.or.jp/）
ARGE（https://arge.com/）
BARCH（http://englishlearning.upper.jp/wp/）
compathy Magazine（https://www.compathy.net/magazine/）
DegiLog（http://degilog.jp/）
DREAM ISLAND（http://www.dreamisland.cc/）
ERCA 環境再生保全機構（https://www.erca.go.jp/）
English Lab（2016）「予約するとき英語でなんて言う？ 海外旅行で予約するときに使
　える英語フレーズ」（https://www.rarejob.com/englishlab/column/20160815/）
FEC 民間外交推進協会（http://www.fec-ais.com/）
FIGARO（https://www.figaro.co.jp/）
Gakken キッズネット（https://kids.gakken.co.jp/）
Global Compact Network Japan（http://www.ungcjn.org/）
Global Initiative to End All Corporal Punishment of Children（https://endcorpo
　ralpunishment.org/）
GMOインターネット株式会社（https://www.gmo.jp/）
goo辞書（https://dictionary.goo.ne.jp/）
Gogengo！（http://gogengo.me/）
Green Climate Fund（https://www.greenclimate.fund/）
Harper's Bazaar（https://www.harpersbazaar.com/）
HeForShe（https://www.heforshe.org/）
HITACHI Inspire the Next（http://www.hitachi.co.jp/）
HiNative 無料で英語や外国語が学習できる英語・語学のQ＆Aアプリ（https://hina
　tive.com/）
HUNADE（https://hunade.com/）
IDA（http://ida-ja.worldbank.org）
IDEAS FOR GOOD（https://ideasforgood.jp/）
IEEI 国連環境経済研究所（http://ieei.or.jp/）
iFinance（https://www.ifinance.ne.jp/）
IMADR 国際人権NGO反差別国際運動（https://imadr.net/）
International Labour Organization（https://www.ilo.org/）
IOM UN MIGRATION（http://japan.iom.int）

IT用語辞典BINARY（https://www.sophia-it.com/）
JACRI 日本臨床検査薬協会（http://www.jacr.or.jp/）
JCCCA（https://www.jccca.org/）
JLEDS LED照明推進協議会（http://www.led.or.jp/）
JICA（https://www.jica.go.jp/）
JOICFP（https://www.joicfp.or.jp/）
JUDGIT（https://judgit.net/）
kuguru（https://kuguru.jp/）
LIFULL HOME'S（https://www.homes.co.jp/）
Longman Dictionary of Contemporary English Online（https://www.ldoceon line.com/）
MITSUI&CO.（https://www.mitsui.com/jp/）
MSD MANUALS（https://www.msdmanuals.com/）
NATIONAL GEOGRAPHIC（https://natgeo.nikkeibp.co.jp/）
NHK（https://www.nhk.or.jp/）
nippon.com（https://www.nippon.com/）
NPO法人ストップ・フロン全国連絡会（https://www.jason-web.org/）
OECD Library（https://www.oecd-ilibrary.org/）
OMRON「健康コラムレシピ」（https://www.healthcare.omron.co.jp/resource/）
Online Etymology Dictionary（https://www.etymonline.com/）
Oxford Learner's Dictionaries（https://www.oxfordlearnersdictionaries.com/）
PLAN INTERNATIONAL（https://www.plan-international.jp/）
Q-Eng（http://q-eng.com/）
SHINGA FARM（https://www.shinga-farm.com/）
TECH::NOTE テクノロジースキルで人生を変える（https://tech-camp.in/note/）
TOKYO RAINBOW PRIDE（https://tokyorainbowpride.org/）
The Conversation（https://theconversation.com/）
THE POVERTIST（https://www.povertist.com/）
THE WALL STREET JOURNAL（https://jp.wsj.com/）
THE WORLD BANK（https://www.worldbank.org/）
Think the Earth（https://www.thinktheearth.net/jp/）
UNICEF 公益社団法人日本ユニセフ協会（https://www.unicef.or.jp/）
United Nations（https://www.un.org/en/）
United Nations Educational, Scientific, and Cultural Organization（UNESCO）（https://whc.unesco.org/）
United Nations University（https://jp.unu.edu/）
UNSG's DIGITAL FINANCING TASK FORCE of the SDGs（DFTF）（https://digital financingtaskforce.org/）
UN WOMEN日本事務所（https://japan.unwomen.org/ja）
WAVAL（https://waval.net/）
weblio 英和・和英辞典（https://ejje.weblio.jp/）

weblio 国語辞典（https://www.weblio.jp/）
WORLD METEOROLOGICAL ORGANIZATION（https://public.wmo.int/en/）
WWFジャパン（https://www.wwf.or.jp/）
朝日新聞DIGITAL（https://www.asahi.com/）
猪股豪（2013）「サハラ以南のアフリカの地誌を学ぶ」帝国書院（https://www.teikokushoin.co.jp/journals/geography/pdf/201302g1/06_hsggbl_2013_02g1_p19_p20.pdf）
医療社団法人予防会新宿クリニック（http://www.yoboukai-shinjuku.jp/）
一般財団法人環境イノベーション情報機構（http://www.eic.or.jp/）
一般社団法人日本エネルギー経済研究所石油情報センター（https://oil-info.ieej.or.jp/）
一般社団法人廃棄物管理業協会（https://wmia.jp/）
ウィキペディア（https://ja.wikipedia.org/）
英辞郎 on the WEB（https://eow.alc.co.jp/）
英トピ 病院の英語！外国人患者を受付で対応する時のフレーズ26選！（https://eitopi.com/byouinn-eigo/）
エン・ジャパン（https://corp.en-japan.com/）
大阪府大気汚染常時監視のページ（http://taiki.kankyo.pref.osaka.jp/taikikanshi/）
奥沢英一・濱田篤郎（2000）「開発途上国における水系感染症とその実態」『公衛研』49, 236-244.
おとなの肺炎球菌感染症.jp（https://otona-haienkyukin.jp/）
外務省（https://www.mofa.go.jp/）
カオナビ（https://www.kaonavi.jp/）
株式会社マイナビワークス（https://mynavi-works.jp/）
環境省（https://www.env.go.jp/）
関西電力株式会社（https://www.kepco.co.jp/）
九州電力（https://www.kyuden.co.jp/）
京都府（https://www.pref.kyoto.jp/）
金融大学（https://www.findai.com/）
経済産業省（https://www.meti.go.jp/）
公益財団法人日本英語検定協会（https://www.eiken.or.jp/）
公益社団法人日本女性学習財団（https://www.jawe2011.jp/）
厚生労働省（https://www.mhlw.go.jp/）
国際連合広報センター（https://www.unic.or.jp/）
国際連合日本政府代表部（https://www.un.emb-japan.go.jp/）
国連開発計画（UNDP）駐日代表事務所（https://www.jp.undp.org/）
国連人口基金東京事務所（https://tokyo.unfpa.org/）
国連水発展報告書（2014）『水とエネルギー 概要』（https://www.mlit.go.jp/common/001044451.pdf）
国土交通省気象庁（https://www.jma.go.jp/）
国立研究開発法人国立環境研究所（https://www.nies.go.jp/）

国立研究開発法人農業環境技術研究所（http://www.naro.affrc.go.jp/archive/niaes/）

国立国語研究所「『病院の言葉』を分かりやすくする提案」（https://www2.ninjal.ac.jp/byoin/）

小島義郎・増田秀夫・高野嘉明・岸暁（編集）（2004）『英語語義語源辞典』三省堂

語源英和辞典：英単語のコアの意味が理解できる辞書（https://gogen-ejd.info/）

語源から学ぶ英単語〜英・語・源〜（https://eigogen.com/）

児玉聡（2014）「新型出生前診断：何が問題か」文藝春秋（http://plaza.umin.ac.jp/~kodama/bioethics/nipt2014.html）

コトバンク（https://kotobank.jp/）

子どもすこやかサポートネット（https://www.kodomosukoyaka.net/）

塩竈秀夫（2013）「人間活動が世界の気候に与える影響—温室効果ガスとエアロゾルの変化の影響—」『安全工学』52（6），371-375.

事業構想大学院大学 事業構想（https://www.projectdesign.jp/）

時事メディカル（https://medical.jiji.com/）

静岡農業技術支援協同組合（http://sngs.jp/）

次世代郊外まちづくり（http://jisedaikogai.jp/）

シマウマ用語集（https://makitani.net/shimauma/）

ジャパンナレッジ（https://japanknowledge.com/introduction/）

趣味時間（https://hobbytimes.jp/）

集広舎（https://shukousha.com/）

「新」経世済民新聞（https://38news.jp/）

人民網（http://j.people.com.cn/）

水産庁（http://www.jfa.maff.go.jp/）

政経電論（https://seikeidenron.jp/）

世界史の窓（https://www.y-history.net/）

世界ランキング国際統計格付センター（http://top10.sakura.ne.jp/）

全日本民医連（https://www.min-iren.gr.jp/）

相談サポート弁護士・税理士・司法書士等の相談窓口検索サイト（https://www.soudan-form.com/）

総務省情報通信統計データベース（http://www.soumu.go.jp/johotsusintokei/whitepaper/h16.html）

太陽光発電ラボ（https://solar-lab.jp/）

高藤奈央子（2010）「タックス・ヘイブンを利用した脱税及び租税回避行為への対策〜日・バミューダ租税協定と国際会議」『立法と調査』308, 16-24.

男女共同参画局（http://www.gender.go.jp/）

中小企業庁（https://www.chusho.meti.go.jp/）

データのじかん　ENPOWER YOURSELF（https://data.wingarc.com/）

電気事業連合会（https://www.fepc.or.jp/）

東京新聞（https://www.tokyo-np.co.jp/）

東京都下水道局（http://www.gesui.metro.tokyo.jp/）

中澤幸夫（2010）「テーマ別英単語ACADEMIC」Z会

日本NPOセンター（https://www.jnpoc.ne.jp/）

日本銀行（https://www.boj.or.jp/）

日本経済新聞全図解ニュース解説（https://www.nikkei4946.com/zenzukai/index.aspx）

日本公衆衛生学会（https://www.jsph.jp/）

認定NPO法人Bridge Asia Japan（https://www.baj-npo.org/）

農薬工業会（https://www.jcpa.or.jp/）

農林水産省（http://www.maff.go.jp/）

野村證券証券用語解説集（https://www.nomura.co.jp/terms/）

ビジネス＋IT（https://www.sbbit.jp/）

兵庫医科大学病院産婦人科 出生前診断のご案内（https://www.prenatal-diagnosis.org）

ひろげよう人権（https://www.jinken-net.com/）

福島香織（2018）「中国・キリスト教弾圧にバチカンの妥協どこまで？」日経ビジネス電子版（https://business.nikkei.com/atcl/opinion/15/218009/121800192/?P＝2）

藤井輝也（1998）「セルラー移動通信における無線チャンネル配置システム」『NTT DoCoMoテクニカルジャーナル』5（4），37-46.

古谷修（2001）「スウェーデン，デンマークおよびオランダにおける畜産環境問題」『畜産環境情報』11（https://www.leio.or.jp/pub_train/publication/tkj/tkj11/kaigai11.pdf）

北海道HIV/AIDS情報（http://hok-hiv.com/）

松岡由紀子（2019）「『米国では，2日ごとに500人が医療事故で死亡している』は本当か？」ニューズウィーク日本版（https://www.newsweekjapan.jp/stories/world/2019/08/2500-1.php）

水まわりナビ（https://www.qracian.net/）

文部科学省（https://www.mext.go.jp/）

ラムサール条約（2015）ファクトシート（https://www.env.go.jp/nature/ramsar/conv/leaflet2016/wwd2015_fact_sheet1.pdf）

ランドソリューション株式会社（https://www.landsolution.co.jp/）

労働問題弁護士ナビ（https://roudou-pro.com/）

渡辺厚志（2016）「持続可能な消費と生産10年計画枠組み─国際的なパートナーシップの機会として」『つな環』27, 13.

索 引

略記：★…難易度（★なしは派生語等），L：リスト（学術セクション），留：留学

271

277

279

282

283

S

285

289

冒険の記録

冒険の記録

ワードクエスト
——世界とつながる上級英単——

2020 年 6 月 5 日　初版発行

編　者　九州大学共創学部
　　　　ワードクエスト編集委員会

発行者　笹栗　俊之

発行所　一般財団法人　九州大学出版会
　　　　〒 814-0001　福岡市早良区百道浜 3-8-34
　　　　九州大学産学官連携イノベーションプラザ 305
　　　　電話　092-833-9150
　　　　URL　https://kup.or.jp/
　　　　印刷・製本／シナノ書籍印刷（株）

- The content of this publication has not been approved by the United Nations and does not reflect the views of the United Nations or its officials or Member States.
- TOEFL is a registered trademark of Educational Testing Service (ETS). This product is not endorsed or approved by ETS.